Infographie : Chantal Landry
Correction : Odile Dallaserra et Sabine Cerboni

Données de catalogage disponibles auprès de Bibliothèque
et Archives nationales du Québec

DISTRIBUTEURS EXCLUSIFS :

Pour le Canada et les États-Unis :
MESSAGERIES ADP* inc.
2315, rue de la Province
Longueuil, Québec J4G 1G4
Téléphone : 450-640-1237
Télécopieur : 450-674-6237
Internet : www.messageries-adp.com
* filiale du Groupe Sogides inc.,
   filiale de Quebecor Media inc.

Pour la France et les autres pays :
INTERFORUM editis
Immeuble Paryseine, 3, allée de la Seine
94854 Ivry CEDEX
Téléphone : 33 (0) 1 49 59 11 56/91
Télécopieur : 33 (0) 1 49 59 11 33
Service commandes France Métropolitaine
Téléphone : 33 (0) 2 38 32 71 00
Télécopieur : 33 (0) 2 38 32 71 28
Internet : www.interforum.fr
Service commandes Export – DOM-TOM
Télécopieur : 33 (0) 2 38 32 78 86
Internet : www.interforum.fr
Courriel : cdes-export@interforum.fr

Pour la Suisse :
INTERFORUM editis SUISSE
Route André Piller 33A, 1762 Givisiez – Suisse
Téléphone : 41 (0) 26 460 80 60
Télécopieur : 41 (0) 26 460 80 68
Internet : www.interforumsuisse.ch
Courriel : office@interforumsuisse.ch
Distributeur : OLF S.A.
ZI. 3, Corminboeuf
Case postale 1061 – CH 1701 Fribourg – Suisse
Commandes :
Téléphone : 41 (0) 26 467 53 33
Télécopieur : 41 (0) 26 467 54 66
Internet : www.olf.ch
Courriel : information@olf.ch

Pour la Belgique et le Luxembourg :
INTERFORUM BENELUX S.A.
Fond Jean-Pâques, 6
B-1348 Louvain-La-Neuve
Téléphone : 32 (0) 10 42 03 20
Télécopieur : 32 (0) 10 41 20 24
Internet : www.interforum.be
Courriel : info@interforum.be

Gouvernement du Québec – Programme de crédit
d'impôt pour l'édition de livres – Gestion SODEC –
www.sodec.gouv.qc.ca

L'Éditeur bénéficie du soutien de la Société de déve-
loppement des entreprises culturelles du Québec
pour son programme d'édition.

Nous remercions le Conseil des Arts du Canada de
l'aide accordée à notre programme de publication.

 **Conseil des Arts   Canada Council
du Canada   for the Arts**

Nous remercions le gouvernement du Canada de
son soutien financier pour nos activités de traduction
dans le cadre du Programme national de traduction
pour l'édition du livre.

Nous reconnaissons l'aide financière du gouvernement du Canada par l'entremise du Fonds du livre
du Canada pour nos activités d'édition.

Will Bowen

21 JOURS SANS SE PLAINDRE

CHANGEZ D'HABITUDE, CHANGEZ VOTRE VIE, CHANGEZ LE MONDE.

Traduit de l'anglais (États-Unis)
par Jacques Vaillancourt

LES ÉDITIONS DE L'HOMME

Une société de Québecor Média

À ma fille, Lia, et à mes futurs petits-enfants
et arrière-petits-enfants ; chacun d'eux vivra dans
un avenir plus heureux, plus libéré des plaintes.

«POURPRE ?!»

Avant-propos

L'objectif d'Un Monde sans plaintes* est de faire porter son bracelet « sans plaintes » par 60 millions de personnes – soit environ 1 % de la population mondiale. Si nous arrivons à transformer positivement les attitudes de 1 % des êtres humains seulement, cela aura un effet d'entraînement qui sensibilisera le reste de l'humanité.

Au moment de la rédaction du présent ouvrage, plus de 10 millions de bracelets sont portés aux quatre coins du monde.

Dans ma propre vie, au moment où approchait le jalon du six millionième bracelet, j'ai été témoin du pouvoir de réalisation d'un souhait que peut avoir un esprit déterminé. Le conseil d'administration d'Un Monde sans plaintes souhaitait présenter le six millionième bracelet à quelqu'un qui nous inspirait, à une personne qui incarnait dans son discours et dans l'exemple qu'elle donnait le principe d'une vie libre de plaintes. Après une brève discussion, le choix de cette personne est devenu évident et unanime : Maya Angelou, ex-poétesse lauréate des États-Unis et mentor d'Oprah Winfrey.

> *« Quand on se plaint, on annonce aux intimidateurs qu'une victime se trouve à proximité. »*
>
> — MAYA ANGELOU

---

* *Un Monde sans plaintes est la traduction libre du nom du mouvement A Complaint Free World : acomplaintfreeworld.org.*

Lorsque nous avons lancé Un Monde sans plaintes, nous avons adopté comme devise une citation de Maya Angelou : « Si tu n'aimes pas quelque chose, change-le. Si tu ne peux pas le changer, change ton attitude. Ne te plains pas. »

Malheureusement, aucun d'entre nous ne connaissait Maya Angelou personnellement. Au cours de nos recherches, nous avons découvert que beaucoup d'auteurs et d'organismes sans but lucratif avaient tenté en vain d'entrer en contact avec elle. Nos communications avec les éditeurs et agents n'ont pas donné de résultat.

À ce moment-là, nous aurions pu renoncer ou au moins envisager d'autres choix. Mais nous avons refusé de nous laisser dissuader. J'ai plutôt commencé à affirmer à droite et à gauche que j'allais personnellement remettre le six millionième bracelet d'Un Monde sans plaintes à Maya Angelou. Plusieurs m'ont demandé comment je la connaissais, et je leur ai répondu honnêtement : « Je ne la connais pas. »

Les gens me demandaient alors comment j'allais la rencontrer pour le lui remettre, et je leur répondais franchement : « Je n'en ai aucune idée, mais je vais le faire. »

Dès que j'avais un moment libre, j'imaginais que je rencontrais Maya Angelou. Le jour de l'investiture du président Clinton, en 1993, je l'avais vue à la télévision lire son poème *On the Pulse of Morning*. Je savais qu'elle jouait un rôle de mentor auprès d'Oprah Winfrey. Je savais aussi qu'elle était une auteure et une enseignante célèbre, mais je ne la connaissais pas, et je ne connaissais personne qui la connaissait. Néanmoins, chaque fois qu'on me demandait comment progressait notre organisation Un Monde sans plaintes, je répondais avec enthousiasme que nous avions presque atteint les 10 % de notre objectif de distribution de 60 millions de bracelets, et que j'allais présenter le six millionième à Maya Angelou.

Au cours d'une conférence, j'ai rencontré par hasard une vieille amie à qui j'ai fait part de mon intention. Elle ne m'a pas demandé comment j'avais connu Maya Angelou, ni comment j'allais réaliser mon projet. Au moment où elle s'éloignait de moi, elle m'a plutôt souri en me lançant simplement : «Donne-lui le bonjour de ma part.»

J'ai aussitôt tourné la tête en lui criant presque : «Tu connais Maya Angelou?»

«C'est moi qui m'occupais de ses réservations lorsqu'elle venait ici donner des conférences ; je suis restée en contact avec sa nièce», m'a-t-elle répondu.

Je lui ai alors raconté sans ambages mes tentatives d'entrer en contact avec Maya Angelou qui chaque fois avaient échoué.

«Je ne peux rien te promettre, m'a-t-elle dit, mais je vais voir ce que je peux faire.»

Comme vous le verrez plus loin, non seulement j'ai rencontré Maya Angelou, mais j'ai passé un agréable après-midi à bavarder avec elle dans sa maison de Winston-Salem, en Caroline du Nord.

Comment cela a-t-il bien pu arriver?

Bah! On s'en moque!

Disons simplement ceci : nous avons pris une décision dont la réalisation semblait tout à fait hors de notre portée et, parce que nous n'avons pas baissé les bras, parce que nous avons considéré la chose comme un fait accompli, nous avons réussi notre coup.

Non seulement je me voyais en train de rencontrer Maya Angelou et de lui rendre hommage en lui offrant notre six millionième bracelet, mais j'ai déployé cette énergie dans le monde en disant aux autres que cela allait se produire – pas que cela pourrait se produire.

Quand j'ai rencontré Maya Angelou chez elle à Winston-Salem, nous avons parlé de la vision d'Un Monde sans plaintes. Je lui ai dit que le bracelet que nous lui remettions symbolisait l'atteinte du jalon de 10 % de notre objectif et lui ai ensuite demandé comment elle voyait le monde si jamais nous arrivions aux 60 millions de bracelets. Voici ce qu'elle a dit :

Comment je pense que serait le monde si 1 % de la population cessait de se plaindre ?

Einstein a dit qu'aucun génie n'a jamais utilisé plus de 18 % de son cerveau. Mais les savants disent aujourd'hui qu'aucun génie n'a jamais exploité plus de 10 % de son cerveau ; la majorité d'entre nous marmonne et se débrouille en exploitant 5, 6 ou 7 % du cerveau.

Si nous avons été capables de survivre, de survivre et de réfléchir à l'avenir, de survivre et d'avoir assez de courage pour prendre soin les uns des autres, assez de courage pour aimer, imaginez ce que nous serions si 1 % des six milliards d'êtres humains cessaient de se plaindre.

Qu'arriverait-il ?

Je vous dirai une chose. Je pense que la guerre disparaîtrait de la planète parce qu'elle serait perçue comme ridicule. Même chose pour le mot même… « guerre ».

Si quelqu'un le prononçait. « Guerre ? vous voulez dire que je suis censé tuer quelqu'un simplement parce qu'il n'est pas d'accord avec moi ? Ah ! non ! Il n'en est pas question ! »

Imaginez : les gens se parleraient plus gentiment les uns aux autres. La courtoisie reviendrait dans le salon, dans la chambre des parents, dans celle des enfants et dans la cuisine.

Si 1 % de notre monde cessait de se plaindre, nous prendrions plus grand soin de nos enfants et comprendrions que chaque enfant est notre enfant, qu'il soit noir ou blanc, beau ou moins beau, asiatique ou musulman, japonais ou juif – chaque enfant est notre enfant.

Si 1 % seulement d'entre nous cessait de se plaindre, nous cesserions du coup de rejeter la responsabilité de nos erreurs sur les autres et de les haïr parce que selon nous ils en sont la cause.

Imaginez : si nous riions un peu plus souvent, si nous avions le pur courage de nous toucher les uns les autres, ce ne serait que le début du paradis – aujourd'hui même.

Présentation à Maya Angelou du six millionième bracelet d'Un Monde sans plaintes.

Introduction

« Si tu n'aimes pas quelque chose, change-le.
Si tu ne peux pas le changer, change ton attitude. Ne te plains pas. »
— **MAYA ANGELOU**

Vous avez en main le secret qui vous permettra de transformer votre vie.

Cela fait presque cinq ans que j'ai tapé ces mots pour la première fois, et je reste plus que jamais convaincu de leur vérité. Au cours des cinq dernières années, plus de 10 millions de personnes dans 106 pays ont embrassé le concept d'Un Monde sans plaintes et, par le fait même, transformé leur famille, leur travail, leur église, leur école et, plus important encore, leur propre vie.

VOIX

Je suis en deuxième année à l'école secondaire Northwest d'Omaha, dans le Nebraska. Hier, un coup de feu a retenti à l'école, et quelques camarades et moi aimerions tester votre programme de 21 jours sans se plaindre. J'aimerais recevoir cinq de vos bracelets.

— Nom non divulgué

Elles ont exploité une idée simple : porter un bracelet de silicone pourpre et le changer de poignet dès qu'elles se plaignent de quelque chose, jusqu'à parvenir à passer 21 jours consécutifs sans émettre de plainte, de critique ou de commérage. Ce faisant, elles ont acquis une nouvelle habitude. En prenant conscience de leurs propos et en les modifiant, elles ont modifié aussi leurs pensées et commencé à créer leur vie selon une volonté précise.

> *« Si vous n'êtes pas heureux de ce que vous avez, pourquoi en vouloir plus ? »*
>
> — WAYNE DYER

En 2006, tandis que j'étais ministre du culte de Christ Church Unity à Kansas City, au Missouri, j'ai préparé une série d'articles portant sur la prospérité et fondés sur le riche ouvrage d'Edwene Gaines, *Les Quatre Lois spirituelles de la prospérité*. L'auteure explique comment la plupart des gens affirment aspirer à la prospérité, mais passent la plus grande partie de leurs journées à se plaindre de ce qu'ils possèdent déjà. Ce faisant, ils repoussent la prospérité au lieu de l'attirer.

Le fait de vous plaindre n'attirera jamais ce que vous voulez, mais contribuera à perpétuer ce que vous ne voulez pas. Comme le dit Wayne Dyer : « Si vous n'êtes pas heureux de ce que vous avez, pourquoi en vouloir plus ? » Le premier pas vers la prospérité, de quelque nature qu'elle soit, consiste à se montrer reconnaissant de ce que l'on possède déjà, et il est impossible de se plaindre de ce que l'on a en même temps qu'on s'en montre reconnaissant.

Depuis la première édition du présent ouvrage, l'idée s'est répandue. Plus de 10 millions de bracelets d'Un Monde sans plaintes ont été distribués dans 106 pays.

On a parlé de nous à *Oprah*, au journal télévisé *World News Tonight* du réseau ABC, au *Today Show* du réseau NBC (deux fois), à l'émission *Sunday Morning* de CBS, sur le réseau d'information Fox News Channel, à l'émission radiophonique *Dr. Oz*, sur le réseau National Public Radio, ainsi que dans des centaines de reportages dans les journaux, à la radio et à la télévision. En fait, pendant plusieurs années, j'ai donné en moyenne trois entrevues par semaine, chaque semaine, à des médias du monde entier.

Des textes sur Un Monde sans plaintes ont été publiés dans *Newsweek, Chicken Soup for the Soul,* le *Wall Street Journal, People, O, Self, Good Housekeeping,* ainsi que dans d'autres ouvrages et périodiques trop nombreux pour être énumérés.

Stephen Colbert nous a raillés au cours de son émission *The Colbert Report.* Dennis Miller a plaisanté en disant qu'il n'aimait pas la couleur de nos bracelets – une pointe typique de l'ironie de Miller qui formule une plainte à propos de bracelets censés éliminer les plaintes. Dans sa chronique de *60 Minutes,* Andy Rooney a lancé avec son humour habituel : «Si ce gars-là [moi] arrive à ses fins, je vais perdre mon emploi.»

Oprah Winfrey a mis sa maquilleuse au défi de porter l'un de nos bracelets et d'essayer de passer 21 jours consécutifs sans se plaindre. Et l'édition sud-africaine du magazine *O* d'Oprah a distribué 50 000 de nos bracelets à ses lecteurs.

Par deux fois, le Congrès américain a envisagé la préparation d'un projet de loi qui ferait de la veille de l'Action de grâce un «mercredi sans plaintes» aux États-Unis. Même si la proclamation nationale n'a pas encore eu lieu (nous sommes persuadés qu'elle viendra), des douzaines de villes, grandes et petites, ont désigné ce jour-là «mercredi sans plaintes» pour créer une belle transition, celle d'un jour sans plaintes au jour national de remerciement.

Nous avons créé un programme éducatif gratuit, qu'ont téléchargé et utilisé des enseignants de milliers d'écoles dans le monde, en vue de transformer leurs étudiants et leurs écoles. Les entreprises qui ont adopté le principe d'Un Monde sans plaintes ont vu le moral de leur effectif renforcé et leur rentabilité accrue malgré les pires conditions économiques vécues depuis la grande crise de 1929. Nous avons préparé à leur intention un programme gratuit téléchargeable de notre site Web. Ce programme est

> *« La véritable noblesse*
> *consiste non pas*
> *à être supérieur à un autre*
> *homme, mais à ce*
> *qu'on était auparavant. »*
>
> — PROVERBE HINDOU

utilisé par de nombreuses entreprises, grandes et petites, par des groupes civiques ainsi que par des organisations de tous les types imaginables.

Des Églises de toutes les dénominations ont organisé des conférences et des cours sur l'habitude de vivre sans se plaindre. Durant un déplacement, j'ai dîné dans un restaurant indien où tout le personnel portait notre bracelet. Quand j'ai demandé à notre serveur où il avait obtenu le sien, il a répondu que c'était son temple hindou qui les avait distribués. Nous avons également créé un programme gratuit destiné spécifiquement aux Églises et téléchargeable de notre site Web.

Depuis plusieurs années, je prononce annuellement en moyenne de 10 à 15 allocutions devant des auditoires pouvant compter jusqu'à 4000 personnes. J'ai eu le bonheur de faire connaître le concept d'Un Monde sans plaintes comme premier conférencier à des congrès, à des ralliements et à des ateliers de formation du personnel d'entreprises figurant sur la liste Fortune 20. Je l'ai aussi fait pour d'autres entreprises et organisations – logiciels, marketing direct, constructeurs automobiles, cabinets de comptables, associations de psychologues, agences gouvernementales, services publics, hôpitaux, banques, et j'en passe.

Je me suis rendu en Chine trois fois au cours des 12 derniers mois pour parler à d'immenses auditoires des effets dévastateurs des plaintes, des raisons qui font que nous nous plaignons, et des moyens à prendre pour cesser de le faire. En Chine, la première édition du présent ouvrage a occupé le premier rang des livres à succès en 2009, et le deuxième en 2010.

Nous avons créé un gadget logiciel gratuit téléchargeable de notre site Web. Ce gadget ne récolte aucune information sur vous ni sur votre ordinateur, et il n'y installe aucun logiciel espion. Il s'affiche tout simplement sur votre bureau ; c'est un rappel visuel du jour où vous en êtes sur les 21 jours à vivre sans vous plaindre. En prime, je rédige chaque jour un court message qui s'affiche sur le gadget pour vous aider à rester inspiré et concentré sur votre objectif.

Au début, lorsque le concept d'Un Monde sans plaintes est passé de l'étincelle à la flamme, des bénévoles se sont présentés pour emballer les bracelets. Des douzaines de personnes sacrifiaient leur samedi pour expédier les bracelets. L'été, des gens qui avaient entendu parler d'Un Monde sans plaintes ont pris l'avion pour Kansas City et passé leurs vacances à emballer des bracelets. Des dizaines de milliers de bracelets ont été envoyés chaque semaine, et, chaque semaine, le nombre de demandes de bracelets allait croissant.

Au début, l'enthousiasme que manifestaient les gens pour le concept d'Un Monde sans plaintes étonnait et ravissait tout le monde. Il est ensuite devenu évident que cet engouement n'allait pas diminuer, mais qu'il continuerait plutôt de prendre de l'ampleur. À ce moment-là, nous avons remercié nos bénévoles, qui ont poussé un soupir de soulagement, et confié l'emballage des bracelets à un atelier protégé. Plus tard, nous avons embauché quelqu'un pour traiter les demandes ; elle reste notre seule employée.

À propos, si vous suivez le mouvement d'Un Monde sans plaintes depuis sa naissance, vous aurez sans doute remarqué que, il y a environ trois ans, nous avons commencé à vendre les bracelets au lieu de les donner en sollicitant des dons. La raison est simple : la demande était telle (par exemple, deux millions de demandes au cours des 24 heures suivant notre passage à l'émission d'Oprah Winfrey !) que nous n'avions pas assez d'argent pour les acheter et les expédier. Puisque environ 98 % des gens ne faisaient leurs dons qu'après la réception des bracelets, et puisque nous n'étions pas en mesure d'avancer les fonds nécessaires à leur achat et à leur expédition (les frais d'expédition constituent notre première dépense), nous avons été obligés de les vendre.

Nous avons constaté que la plupart des gens commandaient une dizaine de bracelets à la fois ; nous avons donc commencé à les vendre 10 $ le lot de 10. À titre d'organisme à but non lucratif reconnu par l'article 501(c)(3) du Code fiscal américain, nous continuons d'accepter les dons (aucune partie de cet argent ne me revient), et nous sommes reconnaissants à ceux qui continuent de nous en envoyer.

On me pose souvent cette question : « Est-ce que vous pensiez au début que le mouvement prendrait une telle ampleur ? »

La réponse est : « Non. »

Dernièrement, j'ai accordé une entrevue à un magazine très respecté qui incite les auteurs à améliorer leur écriture, à se trouver un agent littéraire et à faire publier leurs œuvres. Le journaliste m'a posé cette question : « Pouvez-vous expliquer à nos lecteurs comment ils peuvent eux aussi créer un mouvement d'envergure mondiale ? » J'ai pouffé de rire.

Quand je suis parvenu à reprendre mon sérieux, je lui ai répondu : « Non, je n'en ai aucune idée. »

Bien sûr, quand nous avons distribué nos 250 premiers bracelets le 23 juillet 2006, j'ai déclaré que nous allions devenir « une vague qui allait se propager autour du monde », mais les gens cèdent souvent à de tels excès dans leurs déclarations. J'aimerais croire que c'est le pouvoir de ma détermination qui est à l'origine de l'engouement, mais je sais qu'il y a autre chose derrière ce succès.

Comment une idée toute simple lancée – qui l'eût cru ! – à Kansas City, au Missouri, a-t-elle pu provoquer une onde de choc dans tous les coins de la planète et pourquoi, six ans plus tard, cette onde continue-t-elle de se propager ?

Pourquoi en quelques mois seulement nos amis sur Facebook sont-ils passés de zéro à près de 25 000 à l'heure où j'écris ces lignes, et pourquoi ce nombre continue-t-il de croître chaque jour ?

Pourquoi cette pluie d'alertes de Google annonçant que des gens forment des groupes ou des clubs de lecture afin de s'entraider à éliminer les plaintes de leur vie ?

Pourquoi, cinq ans après la naissance de l'idée, des douzaines de gens la découvrent-ils et pourquoi en parlent-ils sur Twitter de 10 à 20 fois par jour, souvent dans des langues que je ne reconnais même pas?

J'ai longuement réfléchi à ces interrogations et je crois avoir trouvé la réponse. La réponse se trouve au cœur de l'idée maîtresse du présent ouvrage et du mouvement d'Un Monde sans plaintes. Deux raisons expliquent la persistance de l'effet de cette idée sur le monde :

1. On se plaint beaucoup trop dans le monde.
2. Le monde n'est pas comme nous aimerions qu'il soit.

Je crois que ces deux raisons sont interdépendantes. Nous sommes tellement braqués sur ce qui va mal dans le monde – comme le reflètent nos plaintes – que nous perpétuons ces situations indésirables.

Nous sommes obsédés par ce qui va de travers. Nous nous plaignons de tout et de rien, et notre attention reste concentrée sur nos difficultés. Contrairement à la croyance populaire, le fait de se plaindre ne mène pas à la solution de nos problèmes. Nos plaintes rendent plutôt nos difficultés plus concrètes et justifient que nous ne fassions rien pour améliorer la situation.

En ce moment, le monde est obsédé par la négativité. C'est un nuage qui obscurcit le ciel, qui nous empêche de voir la lumière qui éclairerait et résoudrait nos difficultés.

Avant que vous poursuiviez votre lecture, je dois vous lancer cette mise en garde. À la lecture du présent ouvrage, vous allez devenir plus conscient de la négativité et des plaintes. En fait, vous aurez l'impression que quelqu'un a augmenté le volume des plaintes dans votre monde. Cependant, lorsque vous aurez pris conscience de cela, vous pourrez choisir d'y participer ou pas.

Quand j'étais enfant, presque tout le monde fumait la cigarette. Je me souviens de mes visites chez le pédiatre qui surveillait mon asthme. Le bon vieux docteur Castles plaçait le stéthoscope sur ma poitrine et, en ayant lui-même du mal à respirer, me disait d'inspirer profondément. Il avait du mal à respirer parce qu'une cigarette pendait toujours à ses lèvres.

À cette époque, la plupart des gens, dont les médecins qui soignaient de jeunes garçons asthmatiques, fumaient. Tout le monde et toutes les choses empestaient la fumée de cigarette : les vêtements, les cheveux, l'haleine, la maison, les meubles et la voiture des gens, comme les bureaux, les cinémas et la plupart des endroits publics. On était habitué à cette odeur au point de ne plus la sentir. Aujourd'hui, il est interdit de fumer dans la plupart des lieux publics. Si vous vous rendez dans un pays où on fume encore partout, vous serez étonné de voir à quel point l'odeur de la fumée qui imprègne tout est âcre et nauséabonde. Pourtant les habitants de ces pays, comme les habitants du nôtre il y a quelques décennies, ne sont pas conscients de l'odeur écœurante de la fumée de cigarette.

Quand vous entreprendrez votre propre voyage vers Un Monde sans plaintes, vous commencerez à remarquer à quel point les commentaires et les attitudes des gens – les vôtres inclus – sont négatifs ! La négativité a toujours été là, mais ce sera peut-être la première fois que vous en prendrez conscience. En ce moment, les plaintes sont comme la puanteur de la cigarette. Elles vous entourent en tout temps, mais bientôt vous allez commencer à vous en rendre compte.

Vous prendrez conscience de notre penchant pour la négativité lorsque vous regarderez ce que l'on fait passer pour « les nouvelles ».

> *« La tendance à se plaindre peut être considérée comme le symptôme le plus révélateur d'une âme petite et d'un intellect inférieur. »*
>
> — LORD JEFFREY

Il y a deux ans, j'ai été invité à m'adresser aux résidants d'une ville canadienne en difficulté économique. Le jour de mon allocution, j'ai déjeuné avec le maire et d'autres notables de la ville, dont l'éditeur du journal local. Après de longues discussions sur l'importance de penser et de parler de manière positive, l'éditeur s'est penché vers moi et, l'air penaud, m'a murmuré : « Will, je suis obligé d'admettre que, si nous titrons en manchette "CRISE !", nous vendrons dix fois plus de journaux qu'un concurrent qui titrerait "BONNE NOUVELLE !" »

J'ai conseillé à l'éditeur de ne pas se sentir coupable ; il ne dicte pas aux gens leur choix de journal. Lui et les autres têtes pensantes des médias ont trouvé le moyen de tirer parti de l'inclination négative des gens. Nous avons beaucoup d'appétit pour ce qui est mauvais et pour ce qui va mal, et nous avons de bonnes raisons de chercher à ce que l'on nous le rappelle ; je reviendrai sur ces raisons plus loin.

Je connais un homme qui regarde CNN jour et nuit – vraiment ! Même lorsqu'il dort, CNN rugit sur le téléviseur installé au pied de son lit. C'est l'une des personnes les plus craintives et les plus négatives que je connaisse.

Pour ma part, j'ai décidé il y a plusieurs années de ne pas regarder ni lire ni écouter ce que les autres appellent « les nouvelles ». Ce que nous recevons, ce ne sont pas des nouvelles. L'auteure de livres à succès Esther Hicks a récemment fait remarquer que, si le journal télévisé reflétait exactement les événements de la journée, 29 minutes et 59 secondes des 30 minutes qu'il dure porteraient sur les bonnes choses qui sont arrivées, et les mauvaises nouvelles dureraient une seconde. Ce que nous appelons les nouvelles, ce sont en fait les mauvaises nouvelles. Pour tirer le maximum de votre voyage vers Un Monde sans plaintes, je vous recommande de cesser de regarder, de lire et d'écouter les mauvaises nouvelles.

Ne vous en faites pas. Si un événement important se produit, quelqu'un vous le dira. Je me trouvais à Mwanza, en Tanzanie, le jour de la mort de Michael Jackson. Je suis allé donner du sang tôt ce matin-là, et le directeur de la clinique en est sorti en courant pour m'apprendre la nouvelle. J'étais à l'autre bout du monde, et quelqu'un s'est assuré que je sois mis au courant de ce qui était arrivé. Par conséquent, si quelque chose d'important se produit, plus particulièrement quelque chose de négatif, tout le monde s'empressera de vous en faire part.

Vous devez commencer à traiter votre esprit comme s'il était un jardin. Dans *L'Homme est le reflet de ses pensées,* James Allen le dit de manière brillante :

> *L'esprit de l'homme peut être comparé à un jardin, que l'on peut cultiver intelligemment ou bien laisser à l'état sauvage. Qu'il soit cultivé ou négligé, ce jardin produira nécessairement des fruits. Si l'on n'y plante pas de graines utiles, les mauvaises graines y foisonneront et continueront de se reproduire.*

> Les pensées négatives sont des graines que nous plantons dans le monde lorsque nous nous plaignons.

Les pensées négatives sont des graines que nous plantons dans le monde lorsque nous nous plaignons. Ces graines se reproduiront. Par conséquent, surveillez vos pensées. Protégez-les contre la négativité des autres et de ce que certains appellent « les nouvelles ». Commencez aussi à transformer vos commentaires destructifs en commentaires constructifs.

Vos pensées créent votre vie, et vos paroles révèlent ce que vous pensez.

Le monde s'éveille à une nouvelle façon d'être et à un nouveau degré d'existence, et la première étape menant à cette transformation consiste à cesser d'alimenter en énergie ce qui va mal en cessant d'en parler continuellement.

Nos pensées créent notre vie, et nos paroles révèlent ce que nous pensons. Même si vous ne retenez rien d'autre de cet ouvrage, cette idée suffira à transformer votre existence.

À chaque instant, vous créez votre vie avec les pensées auxquelles vous accordez principalement votre *attention*.

Vous avez sûrement entendu parler du film ou du livre à succès *Le Secret* de Rhonda Byrne. Le prétendu secret, c'est que nous nous dirigeons dans le sens de nos pensées, et que l'univers y répond en manifestant ce à quoi nous pensons.

Le Secret a touché la corde sensible du monde entier. À mes yeux, il s'agit en fait d'une version moderne de l'enregistrement fait par Earl Nightingale en 1956, *Le plus étrange des secrets*. Nightingale a dit avoir puisé son inspiration dans l'ouvrage de Napoleon Hill, *Réfléchissez et devenez riche*. Hill lui-même reconnaissait l'apport d'Andrew Carnegie, de Henry Ford et de bien d'autres. L'idée est donc loin d'être nouvelle. Elle semble être en train d'atteindre un point critique dans notre compréhension universelle d'aujourd'hui, mais des milliers de grands philosophes et maîtres à penser nous révèlent ce « secret » depuis des millénaires :

« Va, et qu'il te soit fait selon ta foi. »
— JÉSUS, MATTHIEU 8,13

« L'univers est changement ;
notre vie est ce qu'en font nos pensées. »
— MARC AURÈLE

« Nous sommes façonnés par nos pensées ;
nous devenons ce que nous pensons. »
— BOUDDHA

« Changez vos pensées et vous changerez le monde. »
— NORMAN VINCENT PEALE

« Vous êtes aujourd'hui là où vos pensées vous ont mené :
vous serez demain là où vos pensées vous mèneront. »
— JAMES ALLEN

« Nous devenons ce que nous pensons. »
— EARL NIGHTINGALE

« Nous atteignons le plus haut degré de culture morale
auquel il soit possible d'arriver quand nous reconnaissons
que nous devons contrôler toutes nos pensées. »
— CHARLES DARWIN

« Pourquoi sommes-nous les maîtres de notre destin,
les capitaines de nos âmes ?
Parce que nous avons le pouvoir de contrôler nos pensées. »
— ALFRED A. MONTAPERT

Ce que vous exprimez, vous le démontrez. Nos pensées créent notre vie, et nos paroles révèlent ce que nous pensons. Si vous modifiez vos paroles, vos pensées changeront aussi, et vous transformerez votre vie.

> Ce que vous exprimez, vous en faites l'illustration.

Les êtres humains se situent quelque part sur un grand continuum formé par la pensée positive et la pensée négative. J'ai parlé à des dizaines de milliers d'individus partout au monde, et personne n'est jamais venu me dire : « Je suis la personne la plus négative que vous rencontrerez jamais. » Il semble que les gens n'aient pas conscience des moments où ils sont pessimistes plutôt qu'optimistes. Leurs propos peuvent le révéler aux autres, mais eux ne s'entendent pas. Il se peut qu'ils ronchonnent constamment – j'étais comme cela avant d'avoir relevé le défi des 21 jours –, la plupart, y compris moi-même, pensent qu'ils sont positifs et optimistes.

Il est essentiel de contrôler notre esprit pour consciemment créer notre vie. Le bracelet d'Un Monde sans plaintes n'est pas un symbole que vous portez au poignet pour annoncer aux autres que vous appuyez le mouvement Un Monde sans plaintes. Correctement utilisé, ce bracelet est plutôt un outil qui vous fera prendre conscience des moments où vous vous plaignez, afin que vous puissiez cesser de le faire.

Lorsque vous prenez l'habitude de changer à répétition le bracelet de poignet, avec le temps vous finirez par prendre conscience de vos paroles. Ce faisant, vous prendrez aussi conscience de vos pensées. Votre bracelet pourpre tend un piège à votre négativité, afin qu'elle y tombe et disparaisse à tout jamais.

Je doute que vous puissiez trouver une situation de la vie qui n'ait pas été améliorée par des gens qui ont persévéré dans leur recherche d'Un Monde sans plaintes. Meilleure santé, relations plus satisfaisantes, avancement professionnel, sérénité et joie... Cela vous intéresse? Ce n'est pas seulement possible, c'est probable. Vos efforts conscients en vue de reformater votre disque dur mental ne seront pas faciles, mais lancez-vous dès maintenant et, dans très peu de temps – le temps passe si vite de toute façon –, vous jouirez du mode de vie dont vous avez toujours rêvé.

> *«Une cruche se remplit goutte à goutte.»*
>
> — DICTON BOUDDHISTE

Rendez-vous sur notre site AComplaintFreeWorld.org pour commander votre bracelet d'Un Monde sans plaintes. Voici comment transformer votre bracelet en outil de croissance et de transformation:

1. Commencez par porter le bracelet sur un poignet ou sur l'autre. Vous en êtes au Jour 1 de votre défi de 21 jours consécutifs.
2. Quand (et non pas si) vous vous surprenez à émettre une plainte, une critique, un ragot ou un sarcasme, changez le bracelet de poignet et recommencez. Vous êtes de retour au Jour 1.
3. Persévérez. En général, il faut de quatre à huit mois pour atteindre les 21 jours consécutifs.

Pourquoi 21 jours?

Les spécialistes estiment qu'il faut environ 21 jours à un comportement adopté pour devenir habituel. C'est aussi le temps qu'il faut à un œuf pour éclore.

Ne vous découragez pas. Si vous êtes honnête avec vous-même, vous découvrirez qu'il vous faudra peut-être des jours, des semaines, voire des mois, rien que pour arriver au Jour 2. Alors vous vous plaindrez et vous vous retrouverez au Jour 1. Mais il vous faudra beaucoup moins de temps cette fois pour arriver au Jour 2, et votre succès commencera à travailler pour vous et à vous faciliter la tâche.

> Attendre que votre vie s'améliore avant de relever le défi des 21 jours d'Un Monde sans plaintes, c'est comme attendre d'être en bonne forme physique pour commencer un régime alimentaire et un programme d'exercice.

Dans la plupart des cas, le défi d'Un Monde sans plaintes se déroule ainsi : Jour 1... Jour 1... Jour 1... 1... 1... 1... 1... 1... 1... 1... 1... 1... 1... 1... Jour 2! Retour au Jour 1... Jour 1... 1... Jour 2... Jour 3... Jour 4... Jour 1... Jour 2... Jour 3... Jour 4... Jour 5... Jour 1, etc.

Certains m'ont dit qu'ils allaient attendre que leur vie s'améliore avant de s'efforcer de ne plus se plaindre. C'est ridicule. Attendre que votre vie s'améliore avant de relever le défi des 21 jours d'Un Monde sans plaintes, c'est comme attendre d'être en bonne forme physique pour commencer un régime alimentaire et un programme d'exercice.

Vous voulez que votre vie soit meilleure ? L'outil le plus efficace pour qu'elle le devienne est le bracelet d'Un Monde sans plaintes. Commandez-le à AComplaintFreeWorld.org, mais n'attendez pas sa livraison. Commencez déjà en vous servant d'un élastique autour du poignet ou d'une pièce de monnaie dans votre poche. Chaque fois que vous vous plaignez, changez l'élastique de poignet ou mettez la pièce dans l'autre poche.

Voici quelques clés pour votre réussite :

1. Changez votre bracelet de poignet à chaque plainte formulée verbalement. Certains rendent cet exercice plus difficile qu'il ne devrait l'être en le changeant de poignet à chaque pensée négative. Avec le temps, vous aurez beaucoup moins de pensées négatives, mais contentez-vous de changer le bracelet de poignet seulement lorsque vous exprimez verbalement la plainte, la critique, le ragot ou le sarcasme.

2. Sachez à quel jour du défi vous en êtes. Les gens qui sont sérieux dans leur effort savent s'ils en sont au Jour 1 ou au Jour 12. Ceux qui vont d'échec en échec disent : « Je pense que c'est le Jour 8, mais je n'en suis pas certain. » Si vous ne savez pas trop à quel jour vous en êtes, cela signifie que vous ne prenez pas le défi au sérieux. Si vous avez besoin d'aide pour suivre vos progrès, téléchargez notre gadget informatique gratuit : il vous aidera à rester sur la bonne voie et, comme je l'ai dit, vous recevrez de ma part une dose quotidienne d'inspiration. Lorsque vous atteindrez les 21 jours consécutifs sans plaintes, le gadget lancera des feux d'artifice pour célébrer votre réussite.

3. Ne jouez pas à la police du bracelet. Ce que les autres font ou ne font pas ne vous regarde pas. Si vous voulez faire remarquer à quelqu'un qu'il vient de se plaindre et qu'il devrait changer son bracelet de poignet, faites-le d'abord vous-même avec votre propre bracelet !

4. Ne faites pas le malin. J'ai connu des gens qui essaient de contourner le système en portant un bracelet à chaque poignet pour ne pas devoir le déplacer. D'autres, s'ils se surprennent à formuler une plainte, s'empressent d'en formuler une autre pour ne pas devoir changer le bracelet de poignet. J'ai même entendu dire que certains, après s'être plaints, déclarent qu'ils reprendront le défi le lendemain et que le reste de la journée est « libre de contraintes ».

Ces petits stratagèmes (aussi amusants qu'ils puissent être), loin d'augmenter vos chances de réussite, en fait les réduisent.

Changez votre bracelet de poignet chaque fois que vous vous plaignez. Comme une personne se plaint en moyenne de 15 à 30 fois par jour, habituez-vous à ce geste. Pensez au soldat qui marche au pas: gauche! droite! poignet gauche! poignet droit! et ainsi de suite. La première fois que j'ai relevé le défi des 21 jours, j'ai déplacé mon bracelet si souvent que j'avais l'air de quelqu'un atteint d'un problème nerveux. J'ai changé mon bracelet de poignet si souvent qu'il s'est usé. En fait, durant une entrevue télévisée, lorsque le producteur m'a demandé de faire le geste, mon bracelet fatigué s'est brisé et a été projeté au-dessus de la tête du caméraman.

C'est le geste que l'on fait chaque fois pour faire passer le bracelet d'un poignet à l'autre qui grave des sillons dans votre esprit, qui vous fait prendre conscience de votre comportement. Dès que vous reconnaîtrez les moments où vous vous plaignez, vous commencerez à changer.

Ajoutons, si c'est nécessaire, qu'il n'y a rien de magique dans nos bracelets d'Un Monde sans plaintes. Vous pouvez obtenir les mêmes résultats en vous servant d'un élastique placé autour du poignet ou d'une pièce de monnaie glissée dans votre poche. Il suffit de déplacer physiquement l'élastique d'un poignet à l'autre, ou la pièce d'une poche à l'autre, à chaque plainte et de reprendre le défi au Jour 1.

Dans le présent ouvrage, vous apprendrez pourquoi les gens se plaignent, comment les plaintes sont destructrices dans notre vie, quels sont les bienfaits (oui, les bienfaits) que les gens tirent des plaintes, les cinq raisons qui font que les gens se plaignent, et même comment faire en sorte que les autres cessent de se plaindre. Plus important encore, vous apprendrez quelles sont les étapes à franchir pour éradiquer dans votre vie cette forme toxique d'expression.

Comme je l'ai déjà dit, plus de 10 millions de bracelets d'Un Monde sans plaintes ont été distribués. Pensez-vous que je croie que toutes les personnes qui les ont reçus les ont portés jusqu'à ce qu'elles arrivent à passer 21 jours consécutifs sans se plaindre? Bien sûr que non. Certains de ces bracelets ont été jetés dans le fond d'un tiroir par leurs destinataires.

Les ouvrages sur les régimes amaigrissants sont des succès de librairie depuis des lustres. Les gens les achètent et appliquent leurs recommandations pendant un certain temps. Quand ils se rendent compte que le régime exige un effort et une certaine maîtrise de soi, ils laissent tomber. N'ayant pas modifié leurs habitudes alimentaires, ils reprennent vite le poids perdu, et parfois quelques kilos de plus! Ils s'empressent alors d'acheter un autre ouvrage sur un régime amaigrissant, et le cycle continue.

Vous pouvez lire le présent ouvrage, essayer la méthode du bracelet, puis renoncer et vous lancer dans une autre méthode. Ou bien vous pouvez transformer radicalement votre vie.

J'ai déjà entendu un homme dire non sans esprit: «Ce qu'il y a de pire à la maison avec mon équipement d'exercice, c'est de ne pas oublier de l'épousseter!» Il avait acheté ses coûteux appareils d'exercice après avoir regardé les infopubs télévisées de fin de soirée et ne s'en était jamais servi.

Laissez-moi répéter la première phrase de cette introduction: Vous avez en main le secret qui vous permettra de transformer votre vie. Engagez-vous dès maintenant, afin que votre bracelet d'Un Monde sans plaintes ne finisse pas dans le fond d'un tiroir, inutilisé comme la plupart des appareils d'exercice que l'on envoie dans le garage (dernière étape avant la benne à ordures).

> *«Si je disais "pourquoi moi?" devant les malheurs de la vie, alors j'aurais dû dire "pourquoi moi?" devant tous les bonheurs que j'ai eus.»*
>
> — ARTHUR ASHE

Rappelez-vous que votre participation vous intègre dans un mouvement mondial qui souhaite améliorer l'attitude générale de tous les êtres humains dans le monde.

Et ça marche !

Si vous songez que l'être humain moyen se plaint de 15 à 30 fois par jour (une moyenne arrondie à 23 plaintes par personne par jour) et que 10 millions de bracelets d'Un Monde sans plaintes ont été distribués, même si la *moitié* seulement des porteurs de bracelets persévèrent, cela signifie qu'il y a dans le monde 115 millions de plaintes de moins par jour, tous les jours – *115 millions* !

Si vous aimez les calculs, songez que cela signifie 41 975 000 000 de plaintes de moins chaque année, c'est-à-dire près de 42 milliards. Et nous n'en sommes qu'à 10 millions de bracelets distribués sur les 60 millions de l'objectif.

Enthousiasmé ? Vous avez raison de l'être. Vous faites partie d'un mouvement planétaire de transformation qui améliore la vie de tout le monde. Maintenant que vous connaissez l'existence des bracelets d'Un Monde sans plaintes, vous allez commencer à les repérer partout. L'une de nos bénévoles qui se trouvait dernièrement à Amsterdam a vu des étudiants d'université qui les portaient.

Il n'y a pas si longtemps, j'ai assisté à un match des Royals de Kansas City, et il y avait un groupe de partisans qui essayaient désespérément de créer une « vague » d'un bout à l'autre du stade. La vague commençait à rouler dans l'enthousiasme – les gens se mettaient debout, levaient les bras et lançaient un « oh ! » bien sonore. La vague se propageait autour du stade, mais mourait chaque fois qu'elle arrivait à une certaine section. Les spectateurs de ces gradins, pour une raison que j'ignore, n'étaient pas déterminés à faire la vague, et celle-ci s'arrêtait. La vague mourait.

Cette vague de transformation de la conscience humaine vous a désormais été communiquée. Vous pouvez l'alimenter. Vous pouvez contribuer à la création d'Un Monde sans plaintes.

Faites-le pour votre famille. Faites-le pour votre nation. Faites-le pour vos enfants et pour les enfants qu'ils auront.

Faites-le parce que c'est un premier pas puissant vers la paix mondiale.

«Quoi? La "paix mondiale", pensez-vous probablement, l'auteur vient de perdre toute crédibilité!» Un instant, réfléchissez à ceci: j'ai reçu un courriel de l'organisme sans but lucratif de Los Angeles qui distribuait les bracelets d'Un Monde sans plaintes aux jeunes membres de gangs de rue. Le chef de l'organisme m'a écrit: «Dans les gangs, la violence commence toujours par quelqu'un qui se plaint d'un membre d'un gang rival ou à un membre d'un gang rival. S'il n'y a pas de plainte, il n'y a pas de violence.»

Si le principe est efficace pour les adolescents, il le sera pour les pays.

Alors, adhérez-y pour toutes les raisons évoquées, mais d'abord et avant tout pour vous-même.

«Pour moi-même, pensez-vous peut-être, n'est-ce pas égoïste?»

Non.

Il n'y a rien de mauvais à faire quelque chose dont vous profiterez. En vous transformant en un être humain plus heureux, vous élevez le niveau global du bonheur dans le monde; vous faites briller la lumière davantage et chassez les ombres de nos ténèbres collectives. Vous envoyez à la ronde des vibrations d'optimisme et d'espoir qui se répercuteront dans les autres et qui se propageront de manière exponentielle.

L'anthropologue Margaret Mead écrit: «Ne doutez jamais qu'un petit groupe de citoyens réfléchis et engagés soit capable de changer le monde. En fait, c'est la seule chose qui y soit jamais arrivée.»

Cinq ans plus tard, la vague continue de se propager, et vous en faites partie.

Le moment est maintenant arrivé de vous lancer vers votre nouvelle vie extraordinaire...

Post-scriptum: J'ai conservé le dix millionième bracelet d'Un Monde sans plaintes pour le remettre à l'acteur et rappeur Will

Smith. Ses principes de vie, que j'ai pu saisir dans les entrevues qu'il a accordées et que l'on peut voir dans des vidéos sur YouTube, constituent un exemple brillant et inspirant de la manière dont une personne déterminée qui concentre tous ses efforts sur un objectif réussira chaque fois.

Comment cela va-t-il arriver ?

Je l'ignore... mais cela arrivera.

PARTIE 1
INCOMPÉTENCE INCONSCIENTE

CHAPITRE 1
Je me plains, donc je suis

L'homme a inventé le langage pour satisfaire
son profond besoin de se plaindre.
— LILY TOMLIN

Comme la plupart des gens, vous passez la plus grande partie de votre temps à nager dans une mer de négativité et de plaintes.

Tout comme un poisson peut ne pas être conscient de l'eau qui l'entoure, vous n'êtes peut-être pas conscient de toutes les plaintes que vous entendez et émettez. L'habitude de se plaindre est tellement bien enracinée en nous qu'il est difficile de distinguer ce qui est une plainte de ce qui ne l'est pas.

Selon *Le Petit Robert*, se plaindre signifie «exprimer sa peine ou sa souffrance par des manifestations extérieures (pleurs, gémissements, paroles)».

Selon sa définition même, la plainte s'exprime par des manifestations extérieures sonores. Certaines

> **Se plaindre :** *Exprimer sa peine ou sa souffrance par des manifestations extérieures (pleurs, gémissements, paroles).*
>
> — Dictionnaire *Le Petit Robert*

âmes trop zélées qui ont relevé le défi des 21 jours sans plaintes ont essayé de changer leur bracelet de poignet à chaque pensée négative. Malheureusement, les spécialistes estiment que nous sommes quotidiennement assaillis par quelque 70 000 pensées. Il est futile d'essayer de les contrôler. Envisagez plutôt une approche simple et éprouvée : cessez de vous plaindre et vos pensées deviendront plus positives.

VOIX

Comme la plupart des gens qui ont relevé le défi d'Un Monde sans plaintes, j'ai vite constaté combien de mes propos dans mes relations quotidiennes étaient des plaintes. Pour la première fois de ma vie, je me suis vraiment entendu décharger ma colère à propos de mon travail, me lamenter sur mes petits bobos, déplorer les problèmes du monde politique et du monde tout court, me plaindre du temps qu'il fait… Quel choc j'ai ressenti lorsque j'ai vu à quel point mes propos étaient empreints d'énergie négative – moi qui m'étais toujours considéré comme une personne positive!
— Marty Pointer, Kansas City, Missouri

Voyez votre esprit comme un fabricant, et votre bouche comme un client. Le fabricant produit des pensées négatives qu'achète le client lorsqu'il les exprime sous forme de plaintes. Cela se passe ainsi : le fabricant (votre cerveau) produit une pensée négative, que le client (votre bouche) achète lorsqu'il se plaint. Si le client cesse d'acheter la production du fabricant, ce dernier devra se réorganiser et produire autre chose. Lorsque vous cessez de vous plaindre de ce que vous percevez comme mauvais et que vous commencez à parler de ce dont vous êtes reconnaissant et de ce que vous désirez, vous forcez votre fabricant à mettre au point une nouvelle gamme de produits.

Lorsque vous vous engagez à ce que tout ce qui sort de votre bouche soit positif, votre esprit devient plus conscient des expériences positives à utiliser comme matières premières des pensées positives. Ainsi, le point de mire fondamental de votre esprit changera. Votre attention portera davantage sur ce que vous voulez, et c'est ce qui est important: vous commencerez à intégrer dans votre expérience existentielle une plus grande partie de ce que vous voulez. En même temps, en détournant votre attention des difficultés de la vie, vous en réduirez la fréquence.

Ce que vous appelez «réalité» se transformera. Cela peut vous sembler simpliste, mais c'est efficace. Il n'y a pas de réalité, seulement de la perception; et vous pouvez changer votre perception.

La plainte se distingue de la constatation par l'énergie qu'elle exprime. «Il fait chaud aujourd'hui» est une constatation. Si un long soupir suit cette constatation, elle devient une plainte. Dans son livre *Nouvelle Terre*, Eckhart Tolle l'explique ainsi:

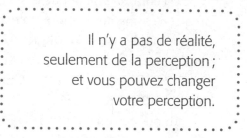

Il n'y a pas de réalité, seulement de la perception; et vous pouvez changer votre perception.

Ce n'est pas se plaindre que d'informer quelqu'un d'une erreur ou d'une déficience dans le but qu'il la corrige. Et éviter de se plaindre, ça ne veut pas nécessairement dire que l'on accepte un défaut ou un mauvais comportement. Lorsque vous dites au serveur que votre soupe est froide et qu'elle a besoin d'être réchauffée – cela n'a rien à voir avec l'ego si vous vous en tenez aux faits, qui sont toujours neutres. Mais si vous dites: «Comment osez-vous me servir une soupe froide!», là vous vous plaignez.

C'est de l'énergie négative qui s'exprime dans une plainte. La plupart des plaintes ont une composante de type «c'est injuste!» ou «comment cela peut-il m'arriver?». C'est comme si la personne qui se plaint se sentait agressée par le geste de quelqu'un ou par quelque chose et ripostait à coup de plaintes. Les plaintes sont des contre-attaques déclenchées par des expériences perçues comme des injustices. Une constatation est un commentaire neutre destiné à informer (et non à réprimander) l'interlocuteur.

Un habitant de Bosnie m'a envoyé un courriel pour me faire savoir que son pays était malheureusement célèbre dans le monde entier pour une seule chose : la guerre. Il avait l'intention de le rendre célèbre pour cesser de se plaindre. « Je ne suis pas encore arrivé à passer 21 jours consécutifs sans me plaindre, m'a-t-il écrit. J'ai souvent l'impression de heurter un mur vers le Jour 4 et je dois recommencer, mais j'ai constaté que je suis déjà un homme plus heureux qu'avant [...] EST-CE QUE C'EST CENSÉ FAIRE ÇA ? »

J'ai pouffé de rire en lisant cette question.

C'est comme si le fait de devenir une personne plus heureuse lorsqu'on essaie de cesser de se plaindre était un effet secondaire que nous aurions dû divulguer. Une mise en garde devrait peut-être figurer sur notre site Web et sur la jaquette de mes livres : « ATTENTION : ESSAYER DE CESSER DE SE PLAINDRE PEUT ENGENDRER LE BONHEUR ! INSTANTANÉMENT »

L'un des commentaires les plus fréquents que nous recevons des gens qui relèvent le défi d'Un Monde sans plaintes, c'est que, longtemps avant d'en arriver au Jour 21, ils constatent qu'ils se sentent plus heureux.

Ce bonheur se nourrit lui-même et s'amplifie parce que les gens heureux ont tendance à attirer des gens plus positifs, et à provoquer des expériences et occasions plus joyeuses que le font les gens malheureux. Par conséquent, ils se sentent encore plus heureux, ce qui leur attire encore plus de choses positives, et ce cercle merveilleux continue de s'élargir.

Les chercheurs croient que la compétence dans n'importe quel domaine s'acquiert en quatre étapes. En devenant une personne qui a cessé de se plaindre, vous franchirez chacune de ces étapes ; impossible d'en sauter une. Pour opérer un changement durable, vous ne pouvez pas précipiter les étapes ni en omettre. Selon votre expérience, certaines pourraient être plus longues que d'autres. Peut-être franchirez-vous aisément telle ou telle étape pour ensuite longtemps vous enliser dans une autre. Mais si vous persévérez, vous finirez par maîtriser l'art de ne pas se plaindre.

Voici les quatre étapes de la compétence :

1. Incompétence inconsciente
2. Incompétence consciente
3. Compétence consciente
4. Compétence inconsciente

À ce moment-ci, vous en êtes à l'étape de l'Incompétence inconsciente. Vous ne vous rendez pas compte (vous êtes inconscient) à quel point vous vous plaignez (vous êtes incompétent). En moyenne, une personne peut se plaindre de 15 à 30 fois par jour, mais vous ignorez probablement si vous vous situez au bas ou au haut de l'échelle, ou si vous êtes tout à fait au-delà de l'échelle.

Une femme se lève au milieu de la nuit et se heurte l'orteil sur le pied d'une table. Lorsque la douleur traverse son corps, elle crie automatiquement : « Aïe ! » Il est normal de crier « aïe » sous l'effet de la douleur. Cependant, bien des gens ne sont qu'un « aïe » à la recherche d'une douleur. Ils déambulent dans la vie en criant « aïe » à propos des difficultés et des problèmes de leur vie, pour ensuite s'étonner de les voir se multiplier. Si vous criez « aïe », la douleur se manifestera. Si vous vous plaignez, vous aurez plus ample matière à vous plaindre. C'est l'effet de la « loi de l'attraction ». Lorsque vous aurez franchi ces quatre étapes et que vous aurez cessé de vous plaindre, vous aurez aussi cessé d'être un « aïe » en quête perpétuelle d'une douleur. Vous attirerez le plaisir, plutôt que la douleur.

Dans *Ode sur une perspective lointaine du collège d'Eton*, Thomas Gray parle de la béatitude de l'ignorance. Au moment où vous souhaitez participer au mouvement d'Un Monde sans plaintes, vous commencez dans la béatitude de l'ignorance parce que vous n'êtes pas conscient du nombre de fois où vous vous plaignez ; vous passez ensuite à l'émoi de la prise de conscience et de la transformation, pour finalement arriver à la vraie béatitude.

L'Incompétence inconsciente est autant un état d'être qu'une étape de l'acquisition de la compétence.

C'est à ce stade-là que tout être humain commence à essayer de maîtriser une nouvelle habileté. Au stade de l'Incompétence inconsciente, vous êtes un pur potentiel, prêt à créer de grandes choses pour vous-même. Vous êtes sur le point d'explorer de nouveaux horizons. Tout ce que vous avez à faire, c'est être disposé à franchir les étapes restantes, qui feront de vous un maître de la vie sans plaintes et vous permettront de récolter les nombreuses récompenses qu'offre une telle vie.

> *« La persuasion produit les plus grands biens ; les querelles et les plaintes n'engendrent que des plaintes nouvelles. »*
>
> — PHOCYLIDE DE MILET

Les gens me demandent : « Êtes-vous en train de me dire que je ne peux jamais me plaindre ? »

Je leur réponds : « Bien sûr que vous pouvez vous plaindre ! » Et je le dis pour ces deux raisons :

1. Mon rôle n'est pas de vous dire, à vous ou à n'importe qui d'autre, ce que vous devez faire. Si c'était le cas, cela signifierait que j'essaie de vous transformer, donc que je concentre mon attention sur l'un de vos traits que je n'aime pas. Ce serait exprimer mon mécontentement à votre sujet et, par déduction, ce serait me plaindre. Alors, faites ce que vous voulez. C'est votre décision.

2. Il est parfois logique de se plaindre.

Avant de penser avoir trouvé une échappatoire dans le numéro 2 ci-dessus, réfléchissez bien au mot « parfois ». Rappelez-vous que, comme des milliers d'autres personnes aux quatre coins du monde, j'ai passé 21 jours consécutifs – c'est-à-dire trois semaines complètes ou 504 heures d'affilée – sans émettre la moindre plainte. Zéro plainte ! Alors, en ce qui concerne les plaintes, le mot « parfois » signifie « un nombre de fois très, très peu élevé ».

Soyons honnêtes avec nous-mêmes : les événements de la vie qui nous mènent à exprimer du chagrin, de la douleur ou du mécontentement sont exceptionnellement rares. Certes, il y a des individus sur cette planète qui mènent des vies très difficiles, et chacun peut traverser occasionnellement des périodes sombres.

Cependant, une multitude d'êtres humains vivent aujourd'hui l'époque la plus sûre, la plus saine et la plus prospère de l'histoire. Et pourtant que font-ils ? Ils se plaignent.

Il n'y a là rien de nouveau. Il y a des siècles, Benjamin Franklin a dit : « Ceux qui se plaignent le plus sont ceux qui sont le moins à plaindre. » Lorsqu'il a écrit cela, l'électricité, l'aspirine, la pénicilline, la climatisation, l'eau courante, l'avion ainsi qu'un très grand nombre de commodités modernes et de prétendues nécessités que l'on tient aujourd'hui pour acquises n'existaient pas encore. Néanmoins, il estimait que ses contemporains n'appréciaient pas à sa juste valeur la vie confortable dont ils jouissaient. La génération de Franklin était beaucoup moins choyée que la nôtre, et pourtant, comme la sienne, nous trouvons encore de multiples raisons de nous plaindre.

Bien peu des plaintes que nous émettons – voire aucune – sont formulées dans le but d'améliorer notre situation. Elles ne sont qu'une forme de « pollution sonore », qui nuit à notre bonheur et à notre bien-être.

Observez-vous vous-même. Lorsque vous vous plaignez (que vous exprimez du chagrin, de la douleur ou du mécontentement), le motif de votre plainte est-il grave ? Vous plaignez-vous souvent ? Êtes-vous un « aïe » à la recherche d'une douleur ?

Pour que vous soyez une personne heureuse, qui vit sa vie comme elle l'entend, il faut que le seuil de ce qui vous pousse à exprimer chagrin, douleur

> « Ceux qui se plaignent le plus sont ceux qui sont le moins à plaindre. »
>
> — BENJAMIN FRANKLIN

ou mécontentement soit très très élevé. La prochaine fois que vous vous plaindrez de quelque chose, demandez-vous si votre situation se compare à celle que j'ai déjà vécue.

J'étais en train d'écrire dans mon bureau, à la maison. À cette époque, ma famille vivait dans une maison située près d'une courbe raide. Les automobilistes devaient ralentir pour prendre ce virage, mais tout juste 200 mètres après notre maison, le chemin se transformait en grand-route, et la limite de vitesse de 40 km/h grimpait à 90 km/h. À cause de la courbe et de la limite de vitesse, les voitures ralentissaient devant notre maison, pour ensuite accélérer vivement à la sortie de la ville. D'autres voitures arrivaient en trombe dans la ville, puis freinaient brusquement devant notre maison pour amorcer le virage. En l'absence de cette courbe, la portion de chemin qui se trouvait devant notre maison aurait été particulièrement dangereuse.

C'était un bel après-midi de printemps, les rideaux de dentelle flottaient sous la brise. Soudain, un bruit m'a arraché à mon travail : un boum sonore suivi d'un grand cri. Ce n'était pas le cri d'une personne, mais d'un animal. Tout animal, comme tout être humain, a une voix unique, et je connaissais bien cette voix. C'était celle de notre golden retriever à longs poils, Ginger.

Normalement, nous ne disons pas que les chiens crient. Ils aboient, ils hurlent, ils gémissent, mais ils ne crient pas. Pourtant, c'est exactement ce que faisait Ginger. Elle traversait le chemin quand une voiture l'a heurtée. À quelques mètres de ma fenêtre, elle était allongée sur la chaussée et elle poussait des cris de douleur. Je me suis précipité vers la porte avant, suivi par ma fille, Lia, qui avait six ans à ce moment-là.

Dès que nous nous sommes approchés de Ginger, nous avons compris qu'elle était grièvement blessée. Avec ses pattes avant, elle essayait de se lever, mais ses pattes arrière semblaient incapables de la porter. Chaque fois, elle hurlait de douleur. Les voisins sont accourus pour voir ce qui se passait. Lia, tétanisée, répétait sans cesse le nom de notre chienne – Ginger, Ginger… –, des larmes ruisselant sur son visage et trempant son t-shirt.

Quand j'ai balayé l'horizon du regard à la recherche du conducteur qui avait heurté Ginger, je n'ai vu personne. Un peu plus tard, j'ai aperçu une camionnette tractant une remorque qui quittait la ville. Elle franchissait la colline et accélérait bien au-delà de la limite de vitesse affichée de 90 km/h. Même si notre chienne agonisait sur la chaussée et que ma fille sanglotait pitoyablement, j'étais consumé par l'envie d'affronter la personne qui avait heurté Ginger. Fou de rage, je me demandais comment quelqu'un pouvait faire cela et simplement poursuivre sa route. Il devait sûrement avoir vu la chienne ; il savait sûrement ce qui s'était passé.

J'ai sauté dans ma voiture et j'ai démarré en trombe, laissant derrière moi un nuage de poussière. J'ai roulé – 95 km/h, 120 km/h, 135 km/h – à tombeau ouvert sur la route sinueuse, à la poursuite de la personne qui avait heurté la chienne de Lia et déguerpi sans vouloir nous voir. Je roulais si vite sur une surface inégale que j'ai eu l'impression que ma voiture flottait au-dessus du sol. À ce moment-là, je me suis calmé un peu en pensant que, si je me tuais au volant, cc serait encore plus pénible à vivre pour tout le monde que l'était l'accident de Ginger. J'ai ralenti juste assez pour ne pas perdre la maîtrise de ma voiture, à mesure que je me rapprochais du véhicule de l'autre conducteur.

Arrivé dans l'allée de sa maison, ne s'étant pas rendu compte que je le poursuivais, le conducteur au t-shirt déchiré et aux jeans sales est sorti de sa camionnette. Il avait rabattu sur son front brûlé par le soleil la visière de sa casquette graisseuse, sur laquelle était imprimé un « mot d'esprit » vulgaire. Je suis arrivé en vitesse derrière lui. J'ai sauté de ma voiture et je lui ai crié : « Tu as heurté mon chien ! » L'homme s'est retourné vers moi et m'a regardé d'un air interrogateur, comme si je lui avais parlé dans une langue étrangère.

Bouillant de colère, je n'étais pas certain de l'avoir bien compris lorsqu'il m'a dit : « Je sais que j'ai heurté ton chien... Qu'est-ce que tu comptes faire ? »

Il a fallu un instant pour que le choc causé par son commentaire se dissipe. Lorsque je suis revenu à la réalité, je lui ai demandé en bégayant : « Quoi ? Qu'est-ce que tu as dit ? » Il a souri, comme s'il était en train de corriger un enfant, et a répété, lentement, en pesant ses mots : « Je sais que j'ai heurté ton chien… Qu'est-ce que tu comptes faire ? »

J'étais aveuglé par la rage. Je revoyais l'image de Lia dans mon rétroviseur, le dos voûté, qui pleurait au-dessus du corps de Ginger, tordu par la douleur.

J'ai crié : « Lève les poings ! »

« Quoi ? » m'a-t-il demandé d'un ton sarcastique.

J'ai répété : « Lève les poings ! Défends-toi ! Je vais te démolir ! »

Quelques instants auparavant, la raison m'avait empêché de me tuer quand, fou de rage, je faisais des excès de vitesse pour rattraper ce type. À cet instant, sa réaction dédaigneuse et cavalière à mon intervention et au fait qu'il avait blessé – peut-être mortellement – notre bien-aimée Ginger a étouffé en moi toute raison.

Je ne me suis jamais battu de toute ma vie adulte. Je ne crois pas à la violence. Je n'étais même pas certain de savoir comment me battre. Mais j'avais envie de réduire cet homme en bouillie. J'étais fou de rage. Je me fichais bien de me faire jeter en prison.

« Je ne vais pas me battre avec toi, a dit l'homme, et si tu me frappes, ce sera une agression, monsieur ! »

J'étais là, abasourdi, bras tendus, poings serrés.

« Bats-toi ! » ai-je crié.

« Non, monsieur, m'a-t-il répondu entre les dents qu'il lui restait. Je ne vais pas me battre et, si tu me frappes, ce sera une agression. »

Il m'a tourné le dos et s'est éloigné d'un pas pesant. Je suis resté figé sur place, tremblant de colère.

Je ne me souviens pas de mon retour à la maison. Je ne me souviens pas d'avoir récupéré Ginger et de l'avoir portée chez le vétérinaire. Mais je me souviens de son odeur la dernière fois que je l'ai tenue dans mes bras, de son petit gémissement lorsque l'aiguille du vétérinaire a mis fin à ses souffrances. En ravalant mes larmes et mon amertume, j'ai continué de me demander comment un être humain avait pu agir comme cela.

Des jours plus tard, le sourire édenté de cet homme me hantait encore quand j'essayais de m'endormir. Je l'entendais encore me dire : « Je sais que j'ai heurté ton chien... Qu'est-ce que tu comptes faire ? » Je visualisais exactement ce que je lui aurais fait si nous nous étions battus. Je me voyais comme un superhéros en train d'anéantir un méchant. Parfois, j'imaginais que j'avais en main un bâton de baseball ou une autre arme, et que je lui faisais mal, très mal. Je lui faisais aussi mal qu'il me l'avait fait à moi, à Lia et à Ginger.

Au cours de ma troisième nuit d'insomnie, je me suis levé et j'ai commencé à écrire dans mon journal. Après avoir épanché mon chagrin, ma douleur et mon mécontentement pendant près d'une heure, j'ai écrit quelque chose d'étonnant : « Ceux qui font du mal souffrent. » En relisant cette phrase comme si elle avait été écrite par quelqu'un d'autre, j'ai demandé tout haut : « Quoi ? »

Mon stylo a de nouveau écrit : « Ceux qui font du mal souffrent. » Enfoncé dans mon fauteuil, broyant du noir, j'ai écouté les grillons qui célébraient une belle nuit de printemps. « Ceux qui font du mal souffrent. Qu'est-ce que cela a à voir avec ce type ? »

En réfléchissant plus longtemps, j'ai commencé à comprendre. Une personne si facilement capable de blesser sans broncher l'animal de compagnie chéri d'une famille ne doit pas connaître comme nous l'amour d'un animal de compagnie. Une personne qui peut poursuivre sa route tandis qu'un enfant fond en larmes ne peut pas connaître pleinement l'amour des enfants. Un homme qui refuse de s'excuser après avoir transpercé le cœur d'une famille doit avoir eu lui-même le cœur transpercé un très grand nombre de fois. La véritable victime dans cette histoire, c'était cet homme-là. Certes, il avait été odieux, mais son comportement résultait de la douleur profonde qui l'habitait.

Je suis resté longtemps assis à absorber tout cela. Chaque fois que je sentais monter en moi la colère et la douleur qu'il m'avait causée, je pensais à la douleur que cet homme devait vivre quotidiennement. Après un certain temps, j'ai constaté que ma respiration ralentissait, que je me détendais. J'ai éteint la lampe, je me suis couché et j'ai dormi profondément.

Se plaindre : exprimer du chagrin, de la douleur ou du mécontentement.

Durant cette expérience, j'ai ressenti du **chagrin**. Ginger s'était présentée inopinément à notre maison rurale de Caroline du Sud cinq ans auparavant. Plusieurs chiens errants avaient fait de même avant elle, mais Gibson, notre chien d'alors, s'empressait de les repousser. Pour une raison que j'ignore, il a permis à Ginger de rester. Elle avait quelque chose de particulier. Nous avons supposé, d'après son comportement, qu'elle avait été maltraitée avant de venir vivre avec nous. Comme c'était surtout moi qui semblais l'effaroucher, j'ai pensé que c'était probablement un homme qui la maltraitait. Au bout d'environ un an, elle a commencé, hésitante, à me faire confiance. Durant les années qui ont suivi, elle est devenue une véritable amie. Sa mort m'a beaucoup chagriné.

J'ai aussi éprouvé de la **douleur**, une douleur affective très réelle qui me déchirait l'âme. Ceux d'entre nous qui ont des enfants savent qu'ils préféreraient endurer mille douleurs plutôt que de voir leurs enfants souffrir. Et la douleur qui affligeait ma Lia doublait la mienne.

J'ai ressenti du **mécontentement**. J'étais déchiré pour ne pas avoir battu cet homme, mais aussi pour avoir envisagé au départ de recourir à la violence. J'avais honte de l'avoir laissé s'en tirer à bon compte, mais tout autant honte de l'avoir poursuivi en voiture.

Chagrin. Douleur. Mécontentement.

Quand cet homme a heurté Ginger, il était approprié que je ressente et que j'exprime ces trois sentiments. Vous avez peut-être vous-même vécu une situation aussi difficile que celle-là dans votre vie. Heureusement, ces situations traumatisantes sont généralement rares. Les plaintes (expression du chagrin, de la douleur ou du mécontentement) devraient l'être également.

Pour la plupart d'entre nous, nos plaintes ne résultent pas de telles expériences profondément douloureuses. Nous nous comportons plutôt comme le personnage de la chanson de Joe Walsh, *Life's Been Good*; nous n'avons pas à nous plaindre, mais parfois, en fait très souvent, nous nous plaignons quand même. Nos problèmes ne sont pas assez graves pour justifier que nous exprimions du chagrin, de la douleur ou du mécontentement, mais nous semblons «programmés» pour nous plaindre. C'est devenu une habitude; c'est ce que nous faisons constamment.

Avant d'entreprendre votre voyage vers Un Monde sans plaintes, vous ignoriez sans doute que vous vous plaigniez à ce point et n'étiez pas conscient de l'effet néfaste de ces plaintes sur votre vie. Nombreux sont ceux qui pestent contre le temps qu'il fait, leur mari ou leur femme, leur travail, leur corps, leurs amis, l'économie, les autres usagers de la route, leur pays ou n'importe quoi d'autre qui leur traverse la tête, plusieurs douzaines de fois par jour, tous les jours.

Peu d'entre eux se rendent compte qu'ils se plaignent constamment. Comme les mots sortent de leur bouche, leurs oreilles devraient les entendre. Mais, pour une raison que j'ignore, ils ne perçoivent pas leurs propos comme des plaintes. On dirait que les plaintes, comme la mauvaise haleine, ne se reconnaissent que lorsqu'elles sortent de la bouche des autres.

Il est probable que vous vous plaignez beaucoup plus souvent que vous ne le pensez. Maintenant que vous avez accepté de relever le défi de 21 jours pour vous affranchir des plaintes, vous avez commencé à le remarquer. Quand vous commencerez à faire passer votre bracelet d'un poignet à l'autre, vous comprendrez à quel point vous êtes râleur.

> Les plaintes, comme la mauvaise haleine, ne se reconnaissent que lorsqu'elles sortent de la bouche des autres.

Jusqu'à présent, vous auriez probablement dit, en toute honnêteté, que vous ne vous plaigniez pas – pas beaucoup, en tout cas. Vous pensez sûrement que vous ne vous plaignez que lorsque vous êtes autorisé à le faire. La prochaine fois que vous serez tenté de rationaliser vos plaintes, rappelez-vous l'histoire de Ginger et demandez-vous si votre situation est aussi mauvaise que cela. Prenez ensuite la décision de respecter votre engagement à ne plus vous plaindre.

Tous ceux qui ont relevé avec succès le défi des 21 jours m'ont dit que cela n'avait pas été facile, mais que cela en valait la peine. Rien de ce qui a de la valeur n'est jamais facile. Simple ? Oui. Mais le mot « facile » ne fait pas partie du vocabulaire de quiconque souhaite réussir. Je ne dis pas cela pour vous décourager, mais plutôt pour vous inspirer. Si vous trouvez difficile de devenir quelqu'un qui se plaint pas (de surveiller ce que vous dites et de modifier vos propos), cela ne signifie pas que vous n'en êtes pas capable. Cela ne signifie pas non plus que quelque chose cloche chez vous. M. H. Alderson a dit ceci : « Si au début vous ne réussissez pas, vous vous situez à peu près dans la moyenne. » Si vous vous plaignez, vous êtes là où vous êtes censé être. Désormais, vous allez prendre conscience de vos plaintes et vous allez commencer à les éliminer de votre vie.

Contentez-vous de passer votre bracelet sur l'autre poignet à chaque plainte et recommencez depuis le début.

Dernièrement, Lia, maintenant âgée de 15 ans, et moi sommes allés à Alexandria, en Indiana, pour rencontrer Mike Carmichael et sa femme, Glenda. Mike est entrepreneur en peinture. Il y a une quarantaine d'années, il a eu une idée plutôt originale : il a perforé une balle de baseball réglementaire, y a enfilé un cintre métallique et a plongé la balle dans un seau de peinture. Le lendemain, quand il est rentré chez lui, il a de nouveau plongé la balle dans la peinture. Tous les soirs, en rentrant de son travail, Mike plongeait la balle dans le reste de peinture de la journée et accrochait le cintre pour la laisser sécher. Il consignait dans un calepin chaque immersion, afin de savoir combien de couches enrobaient la balle.

À la millième couche de peinture, la balle avait la taille et la forme oblongue d'un contenant d'eau de Javel. Mike était fasciné par l'idée qu'une mince couche de peinture, dont l'épaisseur dépassait à peine le millimètre, appliquée chaque jour finirait par atteindre une telle ampleur.

En 1977, Mike a décidé de donner une nouvelle dimension à son idée. Il a pris une balle neuve et y a pratiqué un trou de plus grand diamètre, dans lequel il a inséré un gros crochet métallique. Il a suspendu la balle dans son atelier, et a invité les membres de sa famille, ses amis et les passants à y appliquer une couche de peinture. Aujourd'hui, une enseigne installée devant son atelier proclame qu'il s'y trouve la « plus grosse balle de peinture au monde ».

Quand Lia et moi sommes entrés dans l'atelier où se trouvait la balle, nous avons vu qu'elle était désormais suspendue à des poutrelles d'acier. Mike se tenait fièrement debout, à côté de sa création. J'ai eu le souffle coupé par l'énormité de la chose.

J'ai demandé à Mike quel était le poids de la balle. Il m'a dit que, plusieurs mois auparavant, il s'était servi d'une grue pour la charger sur un camion afin d'aller la faire peser sur une balance qui sert normalement à la pesée des semi-remorques. Selon la ligue majeure de baseball, une balle réglementaire devrait peser 149 g. Mais cette balle-là, lourde de ses dizaines de milliers de couches de peinture, chacune plus mince qu'un cheveu, pesait près de 1600 kg ! Je n'en revenais pas. Au bout d'un moment, j'ai demandé à Mike combien la balle mesurait.

Une balle réglementaire de la ligue majeure de baseball doit mesurer entre 7,3 cm et 7,6 cm de diamètre. Nue, la balle de Mike aurait eu ce diamètre. Mike et Glenda ont pris un ruban à mesurer et l'ont passé autour de la balle. « Un peu plus de 130 cm de diamètre », a annoncé Mike, le sourire presque aussi large que la balle enrobée de peinture.

Le nombre 22 799 était inscrit en rouge sur l'avant de la balle.

« Que signifie cette inscription ? » a demandé Lia.

« C'est la couche de peinture que toi et ton père allez appliquer aujourd'hui », lui a répondu Mike.

« Vraiment ! » s'est exclamée Lia.

« Absolument, a répondu Mike. Quelle couleur veux-tu utiliser ? »

Lia et moi avons échangé un sourire et lancé à l'unisson : « Pourpre ! »

Quelques minutes plus tard, Mike a remis à chacun un rouleau imbibé de peinture pourpre. En travaillant à deux avec zèle, nous avons mis une quinzaine de minutes à peindre la balle gigantesque. Mike a profité de l'occasion pour nous demander ce qui nous amenait chez lui.

J'ai tendu le bras droit dans sa direction pour lui montrer le bracelet pourpre d'Un Monde sans plaintes que je portais ; je lui ai dit que plus de 10 millions de personnes autour du monde avaient décidé de relever le défi des 21 jours. Nous avons ensuite parlé des habitudes.

« Ce sont les habitudes qui mènent notre vie, lui ai-je dit. Nous faisons tellement de choses simplement parce que ce sont des choses que nous avons toujours faites. Ce qui commence par une action unique, comme appliquer une couche unique de peinture sur une balle de baseball de 7 cm de diamètre, devient avec le temps quelque chose de gigantesque, comme cette balle de 1600 kg. »

Mike a réfléchi un instant avant de dire qu'il n'avait jamais vu cette corrélation, mais que cela avait beaucoup de sens. À notre départ, il m'a offert un petit objet à emporter. Pour garder l'immense balle ronde, il doit occasionnellement trancher les stalactites qui se forment sous la balle. La tranche qu'il m'a donnée avait le diamètre d'une pièce de deux dollars et l'épaisseur d'un crayon. En examinant cet objet tranché à même la «plus grosse balle enrobée de peinture au monde», j'ai pu observer les centaines de couches individuelles ultraminces qui avaient donné à la balle son incroyable circonférence.

Le philosophe, éducateur et auteur américain Mortimer Adler a écrit ceci : «Les habitudes se prennent par la répétition de certaines actions en particulier. Elles sont renforcées par l'augmentation du nombre de répétitions de ces actions. Les habitudes sont aussi atténuées ou brisées, et des habitudes contraires sont prises par la répétition d'actions contraires.» Pour la plupart des gens, se plaindre est une habitude qui a été renforcée par la répétition. Cependant, si vous vous efforcez consciemment de ne pas vous plaindre, vous finirez avec le temps par ne plus retomber dans l'ornière de ce mode d'expression.

«Les habitudes se prennent par la répétition de certaines actions en particulier. Elles sont renforcées par l'augmentation du nombre de répétitions de ces actions. Les habitudes sont aussi atténuées ou brisées, et des habitudes contraires sont prises par la répétition d'actions contraires.»

— MORTIMER ADLER

Si vous croyez que le fait de ne pas exprimer une seule plainte aura peu d'effet sur votre vie, détrompez-vous. Cela commencera à brider cette habitude qui a défini votre personnalité. En vous tournant la langue sept fois dans la bouche et en ravalant votre plainte, vous ajouterez une couche de peinture sur une nouvelle habitude qui se développera et finira par définir votre nouvelle personnalité.

Vous doutez peut-être de pouvoir passer 21 jours consécutifs sans vous plaindre, mais vous en êtes capable. Je me plaignais des douzaines de fois par jour et j'y suis parvenu. La clé du succès consiste à ne jamais baisser les bras. Je connais une dame âgée merveilleuse qui porte encore le bracelet pourpre que nous distribuions à l'origine. Il est maintenant grisâtre et usé, mais elle reste véhémente dans sa détermination: «Peut-être m'enterrera-t-on avec ce bracelet, mais je ne renoncerai pas!»

C'est le degré d'engagement qu'il vous faut atteindre – vous engager à ne jamais renoncer. N'oubliez pas que, avant même de parvenir à vivre 21 jours consécutifs sans vous plaindre, vous constaterez que votre concentration intérieure changera d'objet et que vous deviendrez de plus en plus heureux. Voici un courriel que j'ai reçu:

Bonjour,

Comme des milliers d'autres personnes, j'ai déjà commencé à orienter mon attention ailleurs. En attendant de recevoir mon bracelet, je porte un élastique au poignet. Il m'a fait prendre conscience de mes comportements. Je le porte depuis une semaine, et déjà je ne me plains plus que rarement. Le plus remarquable, c'est que je me sens maintenant beaucoup plus heureuse! Sans compter que ceux qui m'entourent (comme mon mari) doivent se sentir eux aussi beaucoup plus heureux. Cela faisait longtemps que je voulais perdre l'habitude de me plaindre, et la campagne de bracelets a été l'étincelle qui m'a fait changer de comportement.

Le sujet des bracelets et de la mission qu'ils soutiennent ayant été abordé dans BEAUCOUP de conversations, on peut dire que la mission a vraiment un effet d'entraînement puisque BEAUCOUP d'individus se rendent compte à tout le moins du nombre de fois où ils se plaignent et vont peut-être décider de se comporter autrement. Ce mouvement aura peut-être des effets extrêmement étendus à mesure qu'il sera connu par de plus en plus d'êtres humains. La portée de cette mission va bien au-delà des millions d'adeptes qui portent les bracelets! C'est vraiment impressionnant quand on y pense!

JEANNE REILLY
ROCKVILLE, MARYLAND

Paul Harvey, le très estimé commentateur de radio, a un jour dit ceci : « J'espère un jour atteindre à ce que le monde appelle réussite pour pouvoir répondre à qui me demanderait comment j'y suis parvenu que "je me suis relevé plus souvent que je ne suis tombé". » Comme pour tout ce qui vaut la peine d'être accompli, pour s'affranchir des plaintes il faut atteindre la réussite à coup d'échecs. Si vous êtes à peu près comme tout le monde, lorsque vous amorcerez ce processus, vous changerez probablement le bracelet de poignet au point d'en avoir mal aux bras. Je l'ai moi-même fait si souvent que j'ai cassé trois bracelets avant de franchir les 21 jours consécutifs sans me plaindre. Si vous cassez les vôtres, commandez-en d'autres à cette adresse : AComplaintFreeWorld.org.

Si vous persévérez, un soir où vous serez allongé dans votre lit, sur le point de tomber dans les bras de Morphée, vous regarderez votre poignet. Pour la première fois depuis des jours, peut-être des semaines, vous verrez que votre bracelet pourpre se trouve autour du même poignet que ce matin-là, lorsque vous vous êtes levé. Vous penserez : « Je me suis sûrement plaint à un moment ou un autre aujourd'hui et je ne m'en suis pas rendu compte. » Mais, en passant en revue le fil de votre journée, vous comprendrez que vous avez réussi. Vous avez passé toute une journée sans vous plaindre une seule fois ! Un jour à la fois. Vous pouvez y arriver.

En amorçant ce processus de transformation, vous avez de la chance parce que, même si je vous rappelle les difficultés qui vous attendent, vous disposez d'un avantage psychologique qui joue en votre faveur. C'est l'effet Dunning-Kruger, ainsi nommé en l'honneur de David Dunning et de Justin Kruger, tous deux de l'Université Cornell, qui ont mené des études sur les personnes qui essaient d'acquérir de nouvelles habiletés. Chaque fois qu'une personne essaie quelque chose de nouveau – skier, jongler, jouer de la flûte, monter à cheval, méditer, écrire un livre, peindre un tableau ou n'importe quoi d'autre –, sa nature humaine l'incite à penser que ce sera facile à maîtriser. Dans les conclusions de l'étude menée par Dunning et Kruger, publiées en décembre 1999 dans le *Journal of Personality and Social Psychology*, on peut lire ceci : «L'ignorance engendre plus souvent la confiance que ne le fait la connaissance.» Autrement dit, du fait que vous ignorez que quelque chose est difficile, vous tentez le coup. Vous vous dites que ce sera facile et vous vous lancez ; c'est justement se lancer qui est toujours l'étape la plus difficile.

En l'absence de l'effet Dunning-Kruger – c'est-à-dire si vous saviez l'intensité de l'effort que vous devrez fournir pour bien maîtriser une nouvelle habileté –, il est probable que vous renonceriez avant même de commencer.

> Lorsqu'on se plaint, on concentre son attention sur le problème, plutôt que sur la solution recherchée.

Commencez à porter le bracelet pourpre (ou utilisez un élastique, une pièce de monnaie dans la poche ou un autre outil d'auto-surveillance) et changez-le de poignet chaque fois que vous vous plaignez. Faites-le même si c'est difficile, gênant ou enrageant. Faites-le même si vous venez de passer 10 jours sans vous plaindre, et qu'il vous faut tout reprendre du début. Recommencez et recommencez. Persévérez, même si d'autres membres de votre entourage jettent l'éponge. Persévérez, même si d'autres membres de votre entourage ont réussi, et que votre record actuel se limite à deux ou trois jours.

Au début du chapitre, j'ai transcrit la définition du verbe «se plaindre» qui figure dans le dictionnaire. Au cours des dernières années, j'ai mis au point ma propre définition de la plainte : *une plainte est un énoncé énergétique concentré sur le problème plutôt que sur la solution recherchée.*

Une plainte possède une forme d'énergie, généralement du type «comment cela peut-il m'arriver à moi ?». Le plus grand défaut de la plainte, c'est qu'elle nous garde concentrés sur ce qui ne va pas, ce qui nous empêche même de songer à des moyens d'améliorer la situation. Rappelez-vous la vieille histoire des deux travailleurs de la construction qui prennent leur repas ensemble. Le premier ouvre sa boîte et se plaint : « Encore un sandwich au pain de viande ! Je déteste cela. » Le second travailleur ne dit rien. Le lendemain, les deux hommes prennent de nouveau leur repas ensemble. Le premier ouvre sa boîte, regarde à l'intérieur et, plus agité que jamais, lance : « Encore un sandwich au pain de viande ! Je déteste cela. » Comme la veille, son collègue ne dit rien. Le troisième jour, au repas du midi, le premier travailleur ouvre sa boîte et se met à trépigner de colère et à crier : « J'en ai assez ! Chaque jour la même chose ! Un satané sandwich au pain de viande ! Je veux autre chose ! »

Son collègue lui pose alors cette question : « Pourquoi ne pas simplement demander à ta femme de préparer autre chose ? »

L'air ahuri, le premier travailleur lui répond : « Je prépare mon repas moi-même. »

Vous, moi, tout le monde, nous préparons notre repas nous-mêmes. Nous créons nos vies avec nos pensées, et nos paroles révèlent nos pensées. Rappelez-vous ces paroles de la chanson *Already Gone* des Eagles : « Il arrive souvent que nous vivions enchaînés et que nous ne sachions même pas que nous possédons la clé de nos chaînes. » Vous êtes enchaîné au menu des sandwichs au pain de viande, et vous êtes la personne qui possède la clé de vos chaînes.

Un ami m'a relaté une version de l'histoire du sandwich. Autour d'un café, il m'a raconté qu'il y a deux ans son entreprise avait changé son système de messagerie vocale. Au lieu de taper des codes et des instructions sur le clavier du téléphone pour écouter les messages, les

> *« Il arrive souvent que nous vivions enchaînés et que nous ne sachions même pas que nous possédons la clé de nos chaînes. »*
>
> — THE EAGLES,
> *ALREADY GONE*

employés n'auraient plus qu'à décrocher le combiné et à dire « lire mes messages », puis à émettre des commandes vocales comme « répéter le message » ou « supprimer le message ».

« C'était ce qui était *censé* arriver, m'a-t-il dit. Malheureusement, le système ne fonctionne pas très bien ; si le bruit ambiant est trop fort ou si nous n'articulons pas clairement nos commandes, le système ne réagit pas du tout ou exécute autre chose que ce qui est demandé. »

Il m'a parlé d'une femme qui occupe le poste de travail voisin du sien et qui éprouve souvent de la difficulté à récupérer ses messages. Si elle dit « lire mes messages » et que le système ne répond pas ou répond mal, elle hurle : « *Lire mes messages, nom de dieu !* » Bien entendu, le juron glissé après la commande rend celle-ci encore moins intelligible pour le système automatisé ; ainsi, cette femme reçoit un sandwich au pain de viande au lieu de ses messages.

« Elle crie après une machine, m'a dit mon ami, l'air amusé, et sa colère ne fait qu'aggraver le problème. » Après une gorgée de café, il a ajouté : « Maintenant, écoute le plus triste de l'histoire. Quand ils ont installé le nouveau système téléphonique, il y a deux ans, je me suis rendu compte que la fonction de reconnaissance vocale ne fonctionnait pas bien. J'ai donc modifié les paramètres de mon appareil téléphonique pour revenir à l'entrée manuelle. Pour écouter mes messages, je tape sur les touches de mon appareil, comme auparavant.

« La première fois que j'ai entendu cette femme crier dans son combiné, je lui ai dit qu'elle pouvait régler les paramètres de messagerie vocale de son appareil pour revenir à l'entrée manuelle. Elle hurlait : "*Lire mes messages, idiote de machine !*" et, sans même regarder dans ma direction, elle m'a lancé qu'elle était trop occupée pour l'instant, qu'elle le ferait plus tard ! »

Mon ami, qui n'en revenait pas, m'a dit que cela s'était passé deux ans auparavant : « Une bonne douzaine de fois, a-t-il ajouté, je lui ai proposé de modifier ses paramètres pour elle, mais elle répond chaque fois qu'elle est trop occupée. Je lui ai dit que je pouvais le faire en moins de 30 secondes, mais elle continue de refuser mon aide. Elle n'a pas le temps de résoudre le problème, mais elle a perdu des heures au cours des deux dernières années à crier dans le combiné de son appareil. »

« Imagine, a-t-il poursuivi, elle vient au bureau *chaque jour* en sachant très bien qu'elle va se battre avec la messagerie vocale. Elle sait aussi qu'elle pourrait régler le problème en moins d'une minute, mais elle ne le fait pas. C'est stupéfiant ! »

Vous en avez assez des sandwichs au pain de viande ? Vous préparez vous-même votre repas, jour après jour. Vos pensées créent votre vie, et vos paroles révèlent ce que vous pensez. Changez vos propos, et vos pensées changeront aussi, et votre vie deviendra meilleure.

Quand Jésus a dit « cherchez, et vous trouverez », il énonçait un principe universel. Ce que vous cherchez, vous le trouverez. Lorsque vous vous plaignez, vous usez de l'incroyable pouvoir de votre esprit pour chercher ce que vous prétendez ne pas vouloir, mais que vous attirez néanmoins à vous de manière répétée. Lorsque ces choses se présentent, vous vous en plaignez et attirez davantage ce que vous ne voulez pas. Vous tombez dans le cercle vicieux de la plainte : une prédiction de plainte qui se réalise > une expérience négative, une plainte > une expérience négative, une plainte > une expérience négative, et ainsi de suite à l'infini.

Dans *L'Étranger*, Albert Camus écrit : « Comme si cette grande colère m'avait purgé du mal, vidé d'espoir, devant cette nuit chargée de signes et d'étoiles, je m'ouvrais pour la première fois à la tendre indifférence du monde. » Le Monde, c'est une tendre indifférence. Le Monde, ou Dieu, ou l'Esprit, ou ce que vous choisissez comme dénomination est tendre, mais aussi indifférent. Le Monde se moque pas mal de ce que vous usiez du pouvoir de vos pensées, que révèlent vos paroles, pour attirer amour, santé, bonheur, abondance et paix, ou bien pour attirer douleur, souffrances, tristesse, solitude et pauvreté. Nos pensées créent nos vies, et nos paroles révèlent nos pensées. Lorsque nous apprenons à maîtriser nos paroles en éradiquant les plaintes, nous créons nos vies de manière délibérée et attirons ce que nous désirons.

En chinois, le verbe « se plaindre » est composé de deux sinogrammes signifiant « étreindre » et « ego ». Les Chinois croient donc que se plaindre, c'est étreindre son ego. Dans ce sens, le jumelage de ces deux symboles est signe d'une grande sagesse. En effet, lorsque vous vous plaignez, vous étreignez votre ego.

> En chinois, le verbe « se plaindre » est composé de deux sinogrammes signifiant « étreindre » et « ego ». Se plaindre, c'est donc étreindre son ego.

L'ego dont il est question ici n'est pas celui qui accompagne le ça et le surmoi de la psychanalyse freudienne. C'est plutôt le concept du soi limité de l'être humain qui se sent coupé de la source infinie.

Quand vous vous plaignez, vous étreignez votre ego. Vous apportez aide, consolation et validation à la petite voix stridente qui résonne dans votre cerveau et qui vous dit que vous ne méritez pas ce que vous désirez, à ce soi limité qui se sent privé de l'abondance du monde. Vous limitez votre capacité à jouir de cette abondance.

Le mot « abondance » vient du latin *abundantia*, de *unda*, qui veut dire « flot ». Il y a un fleuve d'abondance qui ruisselle en permanence sur l'humanité. Lorsque vous vous plaignez, vous en détournez le cours, et il vous contourne. Lorsque vous commencez à ne parler que de ce que vous désirez, vous laissez ce fleuve vous inonder de ses bienfaits.

Au début, quand vous essayez d'éradiquer les plaintes de votre vie, votre vieille habitude de vous plaindre, bien enracinée, vous pousse vers l'échec. Imaginez un avion qui file vers le nord à 1000 km/h. Si le pilote amorce un virage vers l'ouest, vous sentirez votre corps tiré vers la droite, parce que vous vous déplaciez à grande vitesse dans cette direction. Si l'avion garde le cap vers l'ouest, votre corps se stabilisera et vous ne ressentirez plus la poussée dans la direction précédente.

De même, vos anciennes habitudes vous tireront vers elles lorsque vous tenterez de les changer. Tandis que vous vous engagerez à faire passer votre bracelet d'un poignet à l'autre, vous sentirez une force vous tirer dans la direction de vos habitudes négatives. Ne cédez pas. Chaque fois que vous changez votre bracelet de poignet, c'est une couche de peinture qui vient s'ajouter à ce qui deviendra bientôt une force puissante qui transformera votre vie.

CHAPITRE 2

Effets des plaintes sur la santé

Dans notre culture, de toutes les prédictions qui se réalisent,
celle selon laquelle la vieillesse entraînera un déclin et
une mauvaise santé est probablement la plus meurtrière.
— MARILYN FERGUSON, *LES ENFANTS DU VERSEAU*

N ous nous plaignons pour les mêmes raisons que nous faisons toute autre chose : nous y voyons un avantage. Je me
souviens clairement du soir où j'ai découvert les avantages des
plaintes. J'avais 13 ans et j'assistais à mon premier bal, en l'occur-
rence dans le gymnase de mon école secondaire. Pour ceux qui
l'ignoreraient, c'était le genre de bal où il fallait enlever ses chaussures pour ne pas abîmer le revêtement de sol du gymnase. Ces
soirées de danse, très répandues aux États-Unis durant les
années 1950, ont connu un regain de popularité après la sortie du
film *American Graffiti*, en 1973.

Aucune transformation physique et affective n'a davantage
de répercussions et n'est plus durable que le passage à l'adolescence. À 13 ans, j'ai découvert pour la première fois que les filles
n'étaient pas « répugnantes ». Soudainement, les filles m'attiraient
comme des aimants, mais me terrifiaient aussi. Si terrifiantes
qu'elles aient pu être, elles occupaient tout de même chacune de
mes pensées et hantaient mes rêves. Dans mon esprit, finis le

baseball, les modèles réduits, les films et les bandes dessinées ; il n'y avait plus que des images de filles.

VOIX

Hier, je suis rentrée du travail plus tôt que d'habitude, après une journée rendue particulièrement difficile par mes maux de dos (importantes fusions vertébrales et cervicales). Tout ce dont j'avais envie, c'était de me relaxer et de m'apitoyer un peu sur mon sort. À 47 ans, je ne compte plus les problèmes médicaux qui me frappent. Mais, quand affalée sur mon sofa je vous ai vu à l'émission d'Oprah Winfrey, j'ai été inspirée. On dit que les yeux sont les fenêtres de l'âme, et j'affirme que Will Bowen a les yeux les plus étonnants ! J'étais clouée sur place, mais je le dis dans un sens positif. Vos yeux pétillants m'ont fait sourire.

Je me plains chaque jour de la douleur et je consomme je ne sais combien d'analgésiques. Vous avez raison, mes plaintes m'accablent et je veux participer à Un Monde sans plaintes. J'ai commandé 10 bracelets pour moi-même et pour quelques amis. Je vous écris pour vous remercier.

Je suis très reconnaissante au Ciel de POUVOIR marcher ; j'ai de bons amis, une famille aimante et un excellent travail. Je dois réorienter mon énergie sur cette reconnaissance au lieu de m'apitoyer sur moi-même et sur mes problèmes médicaux. Je vous remercie du fond de mon cœur. Je ne peux qu'espérer pouvoir un jour vous remercier en personne. Vous êtes un homme inspirant et, comme je l'ai dit, vos yeux m'ont fait sourire et m'ont donné espoir. Que Dieu vous bénisse !

— Cindy Lafollett,
Cambridge, Ohio

Je souhaitais désespérément communiquer avec les filles, mais j'ignorais comment le faire ou ce que je ferais si cela arrivait. C'est un peu comme la vieille blague sur le chien qui poursuit toutes les voitures et qui finit par en attraper une, mais qui ne sait pas quoi en faire. Autant j'avais envie de proximité avec les filles, autant je redoutais de les approcher.

La soirée du bal dans le gymnase était typique de la Caroline du Sud : chaude et humide. Dans l'esprit du thème des années 1950, les filles, à la coiffure bouffante, portaient des jupes à motifs de caniches, des chaussures deux tons à plastron et un rouge à lèvres éclatant. Les garçons, à la coiffure banane, portaient pour la plupart le jean carotte roulé aux chevilles, des chaussettes blanches, un t-shirt blanc avec un paquet de cigarettes (emprunté aux parents) roulé dans l'une des manches, et des mocassins.

Tandis que les grands succès des années 1950 faisaient vibrer l'air, les filles, groupées de l'un des côtés du gymnase, riaient sottement ; les garçons, assis de l'autre côté sur des chaises pliantes métalliques, essayaient tant bien que mal d'avoir l'air cool. Nous faisions semblant d'être distants et maîtres de la situation, mais nous étions en réalité pris de panique à la seule idée de traverser le gymnase pour aller parler aux filles, même si chaque brin de notre ADN nous suppliait de le faire. Nous plaisantions : « Qu'elles viennent nous voir ! » Si elles le faisaient, nous serions ivres de fierté mâle ; si elles ne le faisaient pas, au moins elles penseraient peut-être que cela nous laissait froids.

Mon meilleur ami de l'époque, Chip, était un garçon très grand, bon étudiant et bon athlète. Moi, par contre, j'étais plutôt enrobé. Quand j'étais adolescent, aller acheter des vêtements, c'était descendre dans le sous-sol mal éclairé du grand magasin de ma ville et fourrager dans la sélection destinée aux garçons « forts ».

Du fait qu'il était grand et athlétique, Chip attirait le regard de beaucoup de filles, je le voyais bien. Je ne sais pas ce qui m'agaçait le plus : l'attraction évidente qu'il exerçait sur les filles ou le fait qu'il n'était pas disposé à en tirer parti. Il restait assis là, parmi nous, même si nous le pressions de lancer le bal en traversant le gymnase et en allant parler aux charmantes jeunes beautés qui attendaient que nous fassions le premier pas.

« Je suis trop timide, disait Chip. Je ne sais pas quoi leur dire.

— Tu n'as qu'à aller vers elles et à les laisser parler. Tu ne peux pas rester assis ici toute la soirée.

— Tu *es* assis ici. C'est toi le grand parleur. Pourquoi ne *vas*-tu pas les voir et leur dire quelque chose ? »

Souvent, les drogués se souviennent de la première fois qu'ils ont fait l'expérience de ce qui finirait par devenir leur dépendance, celle qui s'emparerait de leur vie et qui la détruirait peut-être s'ils n'arrivaient pas à s'en affranchir. Avec ce que j'allais dire à Chip, j'étais sur le point de me faire la victime d'une dépendance aux plaintes qui durerait plus de 30 ans.

Je me suis penché vers Chip pour lui dire : « Même si j'allais voir les filles, aucune d'elles ne voudrait danser avec moi. Regarde-moi : je suis trop gros. Je n'ai que 13 ans, et ça fait déjà longtemps que j'ai dépassé les 100 kilos. Quand je parle, j'ai du mal à respirer ; quand je marche, je transpire. »

J'ai vu que les autres garçons me regardaient, mais j'ai poursuivi : « Chip, tu es en grande forme physique. C'est toi que les filles regardent, pas moi. » D'un mouvement de la tête, les autres garçons ont signalé qu'ils étaient d'accord avec moi. « Je suis juste un drôle de bonhomme avec qui elles aiment bavarder, mais avec qui elles ne veulent pas danser. Elles ne me veulent pas… et elles ne me voudront jamais. »

À ce moment précis, un autre de mes bons amis arrivant derrière moi m'a donné une grande tape dans le dos en me saluant : « Salut, le gros ! »

Normalement, sa façon de me saluer n'aurait pas été remarquée. Presque tout le monde m'appelait « le gros ». C'était un sobriquet qui m'allait bien et auquel je m'étais habitué. Je ne l'avais jamais reçu comme une insulte. C'étaient mes amis, et ils se fichaient éperdument de mon poids. Mais quand on m'a appelé « le gros » tout juste après ma petite envolée lyrique dans laquelle je me servais de mon obésité comme prétexte pour ne pas demander une danse à une fille, l'effet sur notre petit cercle d'amis s'est fait sentir.

L'un de mes amis a regardé froidement celui qui m'avait appelé «le gros» et lui a demandé de se la fermer.

Un autre a dit: «Laisse-le tranquille!»

«Ce n'est pas sa faute s'il est gros!» a lancé un troisième.

J'ai balayé du regard mon groupe d'amis, et j'ai constaté qu'ils me regardaient d'un air inquiet.

Après un court silence, une petite voix dans ma tête m'a dit: «Profite de l'occasion!» J'ai poussé un soupir dramatique et lentement détourné le regard. Nous étions tous à la recherche d'une échappatoire grâce à laquelle nous n'aurions pas à faire face aux filles et à essuyer un rejet. L'échappatoire de Chip était sa timidité; la mienne, mon obésité. En combinant ma plainte à propos de mon poids avec l'insulte badine de l'un de mes amis, j'avais non seulement échappé à l'obligation d'aller voir les filles, mais aussi obtenu une bonne dose d'attention et de sympathie.

Je m'étais plaint et, ce faisant, je m'étais dispensé de faire quelque chose qui m'effrayait; j'avais en plus reçu de l'attention, du soutien et de l'approbation. Ma drogue faisait effet. J'avais trouvé ma dépendance. Les plaintes me feraient planer.

Des années plus tard, lorsqu'un ami et moi avons sollicité un emploi dans un restaurant et qu'on lui a confié le meilleur quart de travail, je me suis dit et j'ai dit à tout le monde que c'était parce que j'étais obèse. J'aimais bien qu'on me réponde: «Non, ce n'est pas vrai; tu es très bien.» Quand on me collait une contravention, je disais que je la devais à mon obésité, et les gens faisaient un signe de désapprobation en direction de l'agent. Il me faudrait encore cinq ans et demi pour me débarrasser de cette excuse commode et des cinquante kilos qui compromettaient ma santé.

Dans un article intitulé «Complaints and Complaining: Functions, Antecedents, and Consequences» et publié dans la revue *Psychological Bulletin*, la psychologue Robin Kowalski écrit ceci: «Beaucoup de plaintes servent en fait à susciter une réaction particulière chez les autres, comme la sympathie ou l'approbation. Par exemple, il arrive que les gens se plaignent de leur santé, non pas parce qu'ils se sentent vraiment malades, mais parce que le rôle de malade leur rapporte des avantages secondaires, comme susciter la sympathie des autres ou éviter une situation aversive. »

> «Beaucoup de plaintes cherchent à susciter une réaction particulière chez les autres, comme la sympathie ou l'approbation. »
>
> — ROBIN KOWALSKI

En me plaignant et en jouant la carte de l'obésité, je recevais sympathie et approbation, et j'avais formulé une raison valable de ne pas aborder les filles. Ma plainte me rapportait. Vous avez probablement fait à peu près la même chose que moi. Vous vous êtes peut-être plaint de votre santé pour obtenir de la sympathie ou de l'attention, ou pour éviter de devoir faire quelque chose que vous redoutiez. Lorsque l'on se plaint de sa santé, malheureusement, cela a tendance à attirer la maladie. Ce qui entre dans votre bouche détermine la taille et la forme de votre corps ; ce qui en sort détermine votre réalité.

> Ce qui entre dans votre bouche détermine la taille et la forme de votre corps ; ce qui en sort détermine votre réalité.

Au cours de mes conférences, j'ai l'occasion de demander aux gens – ils se comptent par dizaines de milliers – qui m'écoutent de lever la main s'ils connaissent quelqu'un qui se plaint fréquemment de sa santé. Je leur demande ensuite de garder la main levée si la personne qui se plaint de sa santé a en fait tendance à être souvent malade. En règle générale, 99 % des mains restent levées.

L'une des plaintes les plus fréquentes que formulent les gens porte sur leur mauvaise santé. Les gens se plaignent de leur santé afin de jouer le rôle du malade ; ils peuvent ainsi attirer l'attention et la sympathie des autres, et éviter ce qu'ils répugnent à faire, par exemple adopter des habitudes de vie plus saines. Bien entendu, certains de ceux qui se plaignent de leur santé sont vraiment en mauvaise santé, mais ces plaintes les gardent concentrés sur leurs combats, qui prennent alors une place démesurée dans leur vie.

Dans *Le Bonheur pour les nuls,* W. Doyle Gentry raconte l'histoire d'un homme qui vit accablé par une douleur chronique résultant d'un accident. L'homme a exploré toutes les avenues possibles pour soulager sa souffrance, mais il y a des jours où elle est ingérable et insupportable. La solution adoptée par cet homme consiste à faire quelque chose qui l'aide à concentrer son attention sur autre chose que la douleur. Doyle écrit que l'homme s'installe devant son ordinateur et lit tout ce qui peut l'intéresser. Une fois son attention concentrée sur autre chose que la douleur éprouvée, celle-ci s'en trouve atténuée.

Les gens qui se plaignent de la douleur éprouvée non seulement crient au monde entier qu'ils souffrent, mais rappellent aussi à leur propre corps de rester à l'affût de la douleur et de la ressentir.

Les gens me disent souvent ceci : « Ce que vous affirmez, c'est que je devrais faire semblant de ne pas souffrir, jusqu'à ce que je ne souffre plus. »

Non.

On ne peut pas « faire semblant jusqu'à ce que ça marche ». Ce conseil rebattu ne s'applique pas à la transformation personnelle. Dès que vous commencez à vous comporter comme la personne que vous souhaitez devenir, vous êtes cette personne. C'est cela, la première étape de la transformation de la maîtrise de soi. Banaliser cette importante action en l'assimilant à de la simulation, à « faire semblant », c'est laisser passer l'essentiel.

Vous ne faites pas semblant d'être cette personne, vous l'*êtes,* ne serait-ce qu'un instant et même d'une manière limitée par rapport à votre idéal.

La vie n'est pas figée ; elle change constamment. Lorsque vous êtes malade, votre état va forcément empirer ou s'améliorer.

> «Nous ne pouvons devenir
> ce que nous voulons être en
> restant ce que nous sommes.»
>
> — MAX DE PREE

À l'adolescence, lorsque j'étais obèse, mes actions tendaient soit à améliorer ma forme physique et ma santé, soit à me rendre encore plus obèse. Dès que j'ai modifié mon régime, je suis devenu la personne mince et en bonne santé que je souhaitais être, même s'il a fallu plusieurs mois à mon corps pour refléter mon nouveau moi.

Posez-vous ces questions : «Est-ce que j'ai déjà joué le rôle du malade ? Est-ce que je le joue en ce moment ? » Lorsque vous vous plaignez de votre santé, vous recevez peut-être de l'attention et de la sympathie, mais au prix de la perpétuation de votre souffrance.

Vous avez sans doute entendu parler de quelqu'un qui souffre d'une maladie psychosomatique. Lorsque nous entendons le terme « psychosomatique », nous avons tendance à imaginer une personne névrosée dont la maladie n'a pas de fondement physiologique.

En réalité, l'adjectif « psychosomatique » est formé de l'élément *psycho*, qui signifie «esprit» et du mot «somatique», qui

> «[...] que vous ayez mal
> à la tête, ou la sciatique, ou la
> lèpre, ou le haut-mal, je vous
> supplie, au nom de tous les
> anges, de vous tenir tranquille
> et de ne pas troubler la
> journée [...] par des plaintes.»
>
> — RALPH WALDO EMERSON

vient du grec *sôma* et signifie « corps ». Par conséquent, « psychosomatique » signifie littéralement esprit/corps. L'être humain a toujours une dimension psychosomatique, puisque nous sommes l'expression unifiée de notre esprit et de notre corps.

Selon la psychologue Robin Kowalski, les

médecins estiment qu'ils consacrent près des deux tiers de leurs heures de travail à des patients dont les maladies ont des origines psychologiques.

Pensez-y. La plupart des maladies sont *pour les deux tiers* occasionnées, favorisées ou aggravées par des facteurs psychiques. Ce que l'esprit croit, le corps le manifeste. Des douzaines d'études ont indiqué que ce qu'une personne croit à propos de sa santé tend à se réaliser.

Un reportage de la National Public Radio américaine a récemment traité en détail d'une étude au cours de laquelle les médecins ont constaté que s'ils suggéraient à leurs patients que tel ou tel médicament était très prometteur pour leur guérison, ledit médicament avait sur eux un effet beaucoup plus bénéfique que sur les autres patients soignés avec le même médicament, mais auxquels cette suggestion n'avait pas été faite. Le reportage indiquait que les patients atteints de la maladie d'Alzheimer et d'autres affections physiques, comme l'hypertension, n'obtenaient pas tous les bienfaits des médicaments traitant ces affections parce que, à cause d'une mémoire défaillante, ils ne prenaient pas ces médicaments régulièrement. L'esprit a un effet puissant sur le corps.

On m'a un jour demandé de rendre visite à une femme hospitalisée, que j'appellerai Jeanne. Avant d'aller à sa chambre, je me suis arrêté au poste des infirmières pour m'enquérir de sa santé auprès de son médecin.

« Elle va bien, m'a dit son médecin. Elle a fait un AVC, mais elle s'en remettra complètement. »

J'ai frappé à la porte de la chambre de Jeanne. Une voix faible m'a répondu de façon hésitante : « Qui est-ce ?

— Jeanne, c'est Will Bowen. »

> *« Si vous répétez à l'envi que les choses vont mal tourner, il y a gros à parier que vous deviendrez un prophète. »*
>
> — ISAAC BASHEVIS SINGER

Quand je suis entré dans la chambre de Jeanne, j'ai commencé à avoir des doutes sur le pronostic du médecin. Cette femme n'avait pas du tout l'air bien; elle m'a redemandé qui j'étais.

Je lui ai répété doucement mon nom et, pour lui rafraîchir la mémoire, j'ai ajouté que j'étais son ministre du culte. À cette époque, j'étais le principal ministre d'une église de Kansas City, au Missouri.

« Ah! Dieu merci, vous êtes là, je me meurs.

— Vous… quoi?

— Je suis mourante. Il ne me reste que quelques jours. Je suis contente que vous soyez ici, nous allons pouvoir planifier mes funérailles. »

À ce moment précis, le médecin est entré dans la chambre pour évaluer l'état de Jeanne. Je l'ai pris à part pour m'informer.

« Docteur, j'ai cru comprendre que vous disiez qu'elle allait se rétablir complètement.

— Oui, elle va s'en remettre.

— Mais elle vient de me dire qu'elle est à l'article de la mort. »

Levant les yeux au ciel, le médecin, exaspéré, s'est dirigé vers le lit de Jeanne et a appelé son nom: «Jeanne, Jeanne! »

Jeanne a ouvert les yeux. « Jeanne, vous avez fait un AVC, vous n'êtes pas du tout en train de mourir. Vous allez vous rétablir. Encore quelques jours aux soins intensifs, puis nous allons vous transférer au service de réadaptation. Vous serez de retour à la maison en un rien de temps, avec votre chat, d'accord? »

Souriant faiblement, Jeanne a murmuré: « D'accord. »

Le médecin parti, Jeanne a tourné le regard vers moi et m'a demandé de lui trouver un stylo et une feuille de papier.

« Pour faire quoi? lui ai-je demandé.

— Nous devons planifier mes funérailles. Je vais bientôt mourir.

— Mais vous n'allez pas mourir, Jeanne! Je vais prendre en note ce que vous allez me dire et, lorsque vous mourrez, dans beaucoup d'années, je pourrai m'occuper de vos funérailles. »

Jeanne a fait lentement signe que non de la tête, en répétant qu'elle était en train de mourir. Elle m'a ensuite expliqué en détail ses souhaits pour ses funérailles.

Quand j'ai quitté sa chambre, j'ai de nouveau rencontré son médecin et lui ai dit qu'elle était convaincue d'être en train de mourir.

Le médecin a souri en me disant: «Écoutez, nous allons tous mourir un jour, même Jeanne. Mais c'est un AVC qu'elle a fait, et elle ne va pas en mourir. Elle va se rétablir parfaitement, sans séquelles.»

Deux semaines plus tard, je célébrais la messe de ses funérailles.

Quoi qu'ait pu dire son médecin, Jeanne était convaincue d'être mourante, et son corps l'a crue et a réagi en conséquence.

Quand vous vous plaignez de votre santé, vous faites des déclarations négatives que votre corps entend. Vos plaintes s'enregistrent dans votre esprit. Votre esprit (*psycho*) oriente cette énergie dans votre corps (somatique) dans le même sens que vos plaintes.

Vous insisterez pour dire que vous êtes vraiment malade. Comprenez-moi: je ne doute pas un seul instant que vous le croyiez. Mais rappelez-vous que les médecins estiment à 67 % la proportion des maladies qui résultent d'une «pensée malade». Notre esprit crée notre monde, et nos paroles révèlent nos pensées. Se plaindre d'une maladie n'en raccourcira pas la durée et n'en atténuera pas l'intensité. En fait, cela aura souvent l'effet contraire.

> «*Le concept de bien-être total implique que chacune de nos pensées, chacun de nos mots et chacun de nos comportements ont une grande incidence sur notre santé et notre bien-être. Et cela influe sur nous non seulement sur le plan affectif, mais aussi sur les plans physique et spirituel.*»
>
> — GREG ANDERSON

Je vous invite à vous demander combien de fois, lorsque vous vous plaignez d'une maladie, vous le faites peut-être inconsciemment dans le but d'obtenir de l'attention ou de la sympathie, ou d'échapper à quelque chose qui vous rebute. N'oubliez jamais que, quand vous vous plaignez de votre santé, vous jetez peut-être de l'huile sur le feu. Vous voulez sûrement recouvrer la santé, mais vos plaintes à propos de vos maladies envoient dans votre corps des ondes d'énergie qui nuisent à votre santé.

En 1999, Hal, un bon ami à moi, 34 ans à l'époque, a reçu un diagnostic de cancer du poumon de stade 4. Les médecins lui donnaient moins de six mois à vivre.

En plus de ce diagnostic sans appel, Hal faisait face à d'autres difficultés. Même s'il avait gagné sa vie en vendant des polices d'assurance maladie, lui-même n'en avait pas. Les factures s'accumulaient, et c'était une lutte à livrer tous les jours rien que pour nourrir sa famille et ne pas perdre l'électricité. Quand j'ai appris son état de santé, je lui ai rendu visite. J'ai été étonné par son attitude optimiste. Hal ne se plaignait de rien, mais répétait à quel point il avait mené une belle vie et avait eu de la chance.

Durant toute cette période, Hal n'a jamais perdu le vif sens de l'humour qui le caractérisait. Un jour, je l'ai invité à faire une promenade en plein air, mais, trop faible, il n'a pu faire qu'une douzaine de pas. Nous sommes restés devant sa maison à bavarder en savourant le bon air frais. Durant la conversation, Hal a remarqué plusieurs grosses buses qui traçaient lentement de larges cercles au-dessus de nos têtes. Me les montrant du doigt, il a dit : « Ça, c'est mauvais signe ! » Quand j'ai vu l'étincelle d'espièglerie dans son regard, nous avons tous deux pouffé de rire.

> « Quand l'anxiété ou la morosité vous envahit, imposez-vous de ne pas l'annoncer par vos plaintes ; efforcez-vous plutôt de la cacher et, ce faisant, vous la chasserez. »
>
> — SAMUEL JOHNSON

Après avoir bien ri, je lui ai demandé comment il avait réussi à ne pas se plaindre malgré toutes les épreuves qu'il traversait.

Hal s'est appuyé sur sa canne, a souri et m'a répondu : « Facile, aujourd'hui, on n'est pas le 15. » Convaincu d'avoir adéquatement répondu à ma question, il s'est retourné et s'est lentement dirigé vers la maison.

« Qu'est-ce que le fait qu'on ne soit pas le 15 a à voir avec ça ? » lui ai-je demandé en le rattrapant facilement.

Hal s'est arrêté, souriant, pour m'expliquer : « Quand j'ai reçu mon diagnostic, je savais que ce ne serait pas facile, et que je pourrais vivre ma situation en rageant contre Dieu, contre la science, contre tout le monde. Ou bien je pouvais concentrer mon attention sur ce qu'il y avait de bon dans ma vie. J'ai décidé de m'accorder un jour malheureux par mois pour me plaindre. J'ai choisi le 15 au hasard. Chaque fois que j'ai matière à me plaindre, je me dis que je dois attendre au 15 pour le faire.

— Et ça marche ? lui ai-je demandé.

— Plutôt bien.

— Mais est-ce que tu ne te sens pas particulièrement déprimé le 15 de chaque mois ?

— Pas vraiment, m'a-t-il répondu. Généralement, quand le 15 arrive, j'ai déjà oublié ce dont j'allais me plaindre. »

Même si nous vivions à plus de deux heures de distance par la route, j'ai rendu visite à Hal deux fois par semaine, jusqu'à sa mort. Les gens me disaient que je devais être vraiment un grand ami et un homme très attentionné pour lui consacrer de si nombreuses heures. En réalité, c'est pour moi que je faisais cela. Hal m'a enseigné que, même quand on vit une épreuve aussi pénible qu'une maladie en phase terminale, on peut trouver du bonheur.

Et les médecins se sont trompés. Hal n'est pas décédé dans les six mois qui ont suivi le diagnostic. Il a survécu deux années heureuses de plus, à se sentir privilégié et à dispenser de l'amour autour de lui. Hal a vécu quatre fois plus longtemps que l'avaient prédit les experts médicaux. C'est le pouvoir sur la santé que donne une vie fondée sur la gratitude plutôt que sur la plainte.

À ce stade-ci de votre lecture et du voyage que nous faisons ensemble, vous avez commencé à vous faire une idée de vos principaux sujets de plainte et du nombre de fois que vous vous plaignez. Vous prenez conscience de votre incompétence.

PARTIE 2
INCOMPÉTENCE CONSCIENTE

CHAPITRE 3
Effets des plaintes sur les relations

Qui évite les plaintes invite le bonheur.
— **ABOU BAKR**

Passer au stade de l'Incompétence consciente, c'est prendre conscience du nombre de fois qu'on se plaint. Vous commencez à vous rendre compte que vous vous plaignez, mais seulement après coup, et vous semblez incapable de cesser de le faire. Vous passez sans cesse votre bracelet d'un poignet à l'autre, mais le nombre de vos plaintes ne diminue pas. J'ai entendu certains appeler cela l'étape de l'« arrête-moi avant que je me plaigne de nouveau ».

Malheureusement, nombreux sont ceux qui baissent les bras à cette étape. Pour la première fois de leur vie, ils sont tellement conscients du nombre de fois qu'ils se plaignent, et leur incompétence – leur incapacité à se retenir – les met si mal à l'aise, qu'ils jettent leur bracelet dans le fond d'un tiroir (ou peut-être par la fenêtre dans un accès de colère), en espérant que personne ne leur posera de questions à ce sujet.

VOIX

J'avais atteint un point dans ma carrière où j'avais compris qu'il me fallait améliorer mon attitude au travail. Au bureau, j'ai un jour téléphoné à ma femme pour lui demander de m'acheter quelques ouvrages sur le perfectionnement personnel tandis qu'elle était dans une librairie.

Le soir, six ouvrages m'attendaient sur la table de la cuisine. Je les ai feuilletés l'un après l'autre, mais l'un de ces ouvrages a vraiment capté mon attention : Un Monde sans plaintes, de Will Bowen. J'ai aimé le message qu'il transmettait. Je pouvais m'identifier aux histoires qui y étaient relatées, et je n'ai pas pu résister ; j'ai relevé le défi de passer 21 jours sans me plaindre.

J'ai acheté mon propre exemplaire et j'ai commencé à me servir d'un élastique comme rappel. Plusieurs de mes collègues de travail ont eux aussi été tentés par le défi. C'est devenu un jeu pour nous. Nous nous textions les uns les autres pour nous demander à quel jour nous en étions et pour nous raconter les situations qui nous avaient ramenés à la case départ.

Peu de temps après, prendre la pause café ensemble est devenu une tâche. Il nous fallait nous surveiller constamment et bien choisir nos mots pour éviter les plaintes et les potins.

Pour moi, le meilleur changement s'est produit à la maison. Un soir que ma femme et moi nous embrassions dans la cuisine, elle m'a demandé si j'avais remarqué que nous nous embrassions plus souvent qu'à l'habitude.

Nous avons découvert que j'avais pris l'habitude en rentrant à la maison de me plaindre de mon travail, ce qui nous mettait tous deux de mauvaise humeur. Ce n'était pas un comportement propice à une relation amoureuse. Mon nouveau comportement – je ne me plains plus quand je rentre chez moi – nous met tous deux de bonne humeur, et nous apprécions davantage le temps passé ensemble.

> *Il m'aura fallu près de six mois pour gagner mon premier défi des 21 jours consécutifs sans me plaindre. J'ai changé ma façon de communiquer avec les autres, ce qui a fait de moi un homme plus heureux. J'écoute souvent le CD du livre dans ma voiture pour me garder sur la bonne voie – sans faire de jeu de mots.*
>
> — Shawn O'Connell,
> Albuquerque, Nouveau-Mexique

Si vous vous sentez mal à l'aise à ce stade-ci, tant mieux ! Cela signifie que vous faites des progrès. Vous êtes sur la bonne voie, gardez le cap. Rappelez-vous les paroles du théologien Charles H. Spurgeon : « C'est à force de persévérance que l'escargot a atteint l'arche. » Quelle que soit la lenteur de vos progrès, vous avancez vers votre idéal, vous avez conscience que vous vous plaignez et, même si vous êtes encore incapable de cesser de le faire, c'est un pas dans la bonne direction.

Je viens de mettre à jour le système d'exploitation de l'ordinateur portatif sur lequel j'écris le présent ouvrage. J'utilise cet ordinateur depuis plusieurs années et je l'aime beaucoup. Cependant, la configuration standard du nouveau système a inversé l'orientation du pavé tactile. Avant, pour faire défiler l'information vers le bas, je glissais mon doigt vers le bas sur le pavé. Cependant, la plupart des écrans tactiles d'aujourd'hui recourent à cette fin au mouvement inverse du doigt, afin de simuler la sensation d'un doigt qui ferait glisser l'écran vers le bas, et c'est ce que fait désormais mon pavé tactile.

Ironie du sort, j'étais en train d'écrire à propos du stade de l'Incompétence consciente quand cela m'est

> « C'est à force de persévérance que l'escargot a atteint l'arche. »
>
> — CHARLES H. SPURGEON

arrivé. Habitué pendant plus de deux ans à glisser les doigts dans un sens, il me fallait les glisser dans l'autre pour obtenir le même résultat. Plusieurs jours durant, mes doigts ont glissé dans un sens, tandis que l'écran glissait dans le sens inverse de ce que je voulais. Mon irritation grandissait et commençait à ressembler à une distraction. Je savais que le sens du glissement avait changé. Je savais que je glissais les doigts dans le mauvais sens. Je n'arrêtais pas de me répéter qu'il me fallait les glisser dans l'autre sens, mais en vain. Je n'allais pas subitement perdre une habitude de deux ans. Il me faudrait plusieurs jours pénibles de réadaptation pour en changer. J'étais d'une incompétence totale, et j'en étais parfaitement conscient.

Il y a une semaine maintenant que j'ai mis à jour mon système d'exploitation. Mes doigts glissent à présent dans la nouvelle direction. Je n'ai même plus à y penser. En fait, cela me semble naturel, comme si c'était la manière dont j'avais toujours navigué dans mes documents. Alors, si vous avez l'impression d'être arrivé à l'étape où vous prenez conscience de toutes vos plaintes et souhaitez ardemment les faire cesser, mais en vain, détendez-vous ; sachez que, après un certain temps, vous finirez par modifier votre comportement.

Soyez patient. La mise en œuvre de ce changement vous vaudra de nombreux bienfaits. Comme nous l'avons vu, vos plaintes font en sorte que vous concentrez votre attention sur ce qui va mal plutôt que sur ce que vous souhaitez. Vos plaintes peuvent également avoir nui à votre santé. De plus, les plaintes sont particulièrement dommageables pour les relations. Dans le présent chapitre, nous allons examiner comment les plaintes peuvent nuire à vos relations, voire les détruire.

En 1938, Lewis Terman a interrogé de nombreux psychiatres et conseillers pour tenter de reconnaître un commun dénominateur dans les unions malheureuses. Il a conclu que ce qui distinguait les couples malheureux des couples heureux, c'était le degré auquel les membres des premiers rapportaient que leur partenaire aimait discutailler, critiquer et se plaindre. De plus,

dans un article intitulé *A Descriptive Taxonomy of Couples'
Complaint Interactions*, J. K. Alberts affirme ceci : « Diverses
recherches indiquent que la négativité et la communication négative sont en corrélation positive avec l'insatisfaction relation-
nelle. »

Autrement dit, *les relations malheureuses se distinguent le plus
souvent par la fréquence des plaintes au sein de la relation.*

Les plaintes déforment, affaiblissent et parfois détruisent les
relations mêmes qui pourraient nous rendre heureux. Lorsque
nous nous plaignons constamment, nos relations stagnent et se
ratatinent. Les plaintes détournent notre attention des caractéristiques positives qui nous ont attirés vers l'autre personne et la
font se concentrer sur ce que nous percevons comme ses défauts.
Ce déplacement de l'attention fait que nous nous sentons insatis-
faits et que l'autre personne risque de penser qu'elle n'est pas à la
hauteur.

Les plaintes peuvent
rapporter des avantages
sociaux, comme de l'attention et de la sympathie. Les
relations de certaines personnes se fondent principalement sur les plaintes,

> On peut bien dire que c'est
> la roue qui grince qui reçoit
> l'huile, mais, si elle grince trop,
> elle se fait remplacer.

mais, dans ces relations, celui ou celle qui se plaint marche sur la
corde raide. Des études ont conclu que les « plaignards chroniques » finissent souvent par être ostracisés, même par d'autres
plaignards, parce que leur énergie négative devient épuisante
pour leur entourage.

Il est intéressant de noter que les gens ont tendance à se
plaindre à leurs amis, aux membres de leur famille et à leurs collègues. Cependant, la plupart des gens souhaitent la compagnie
de personnes qui se plaignent moins qu'eux. Nous sommes attirés par les êtres qui sont optimistes et qui nous inspirent, même
par ceux qui sont à peine plus positifs que nous. Ainsi, un bon
moyen d'améliorer de manière spectaculaire votre relation avec

l'être cher, vos amis, vos collègues et vos enfants consiste à vous plaindre moins souvent.

Voyez la chose ainsi : si vous aviez le choix, passeriez-vous la journée avec Winnie l'ourson ou avec Bourriquet ?

Vous connaissez probablement des personnes dont l'esprit négatif vous épuise. L'animateur et humoriste américain Dennis Miller a un jour lancé : « Il y a dans ce monde des gens qui se définissent par leur degré d'agitation. » Ces gens vous drainent de toute énergie. Si l'optimiste voit le verre à moitié plein et le pessimiste, à moitié vide, le plaignard vous dira que l'eau que contient le verre est probablement empoisonnée.

L'écrivain et enseignant spirituel Eckhart Tolle explique que chaque être humain a ce qu'il appelle un « corps de souffrance ». Le corps de souffrance, c'est la partie de nous qui s'excite à l'écoute d'une mauvaise nouvelle ou durant un affrontement avec quelqu'un. Si inconfortables que puissent être ces situations, elles restent stimulantes, et certaines personnes sont dépendantes de cette négativité, qui agit sur elles comme une drogue dont elles ne peuvent se passer.

> « Il y a dans ce monde des gens qui se définissent par leur degré d'agitation. »
>
> — DENNIS MILLER

Il y a un terme pour cela : la dépendance à la douleur. Lorsque vous ressentez une douleur, réelle ou imaginaire, votre hypothalamus sécrète de l'endorphine dans votre sang. C'est une hormone puissante dont l'efficacité analgésique se compare à celle de la morphine. Cet anesthésique naturel est libéré lorsque vous ressentez une douleur ; lorsque vous vous plaignez, s'allume en vous une douleur émotionnelle.

Cela se passe ainsi : la plainte provoque une douleur, la douleur libère l'endorphine, et l'endorphine vous fait planer. Vous ne vous rendez probablement pas compte de cet état d'excitation, du moins pas plus que le gros buveur de café ne remarque une poussée de caféine. Mais le buveur de café qui essaie de réduire sa consommation de caféine ressent les symptômes du sevrage, et vous aussi les ressentirez lorsque vous cesserez de vous plaindre.

Pour ce qui est des relations, n'oubliez pas que vous et l'autre personne avez tous deux une propension à activer votre corps de souffrance pour déclencher la poussée d'endorphine. Le simple fait de comprendre cette réalité peut vous aider à vous ressaisir durant une interaction inconfortable.

Le dénominateur commun des relations malheureuses, c'est le fait que l'une des parties ou les deux se plaignent de l'autre ou à l'autre. Les plaintes vous épuisent et ne vous satisfont pas pleinement ; elles vous agitent et vous mettent même sur la défensive.

Quand vous vous affranchirez de vos plaintes, ne vous attendez pas à ce que les autres cessent de se plaindre immédiatement. Considérez les plaintes comme une drogue ; nous avons tous vécu des situations dans lesquelles des personnes de notre entourage buvaient trop, fumaient ou prenaient des drogues. Dans un groupe, si quelqu'un ne fait pas comme les autres, les membres du groupe se sentent menacés. Ma théorie personnelle sur ce phénomène, c'est que les gens qui adoptent des comportements destructeurs sont conscients qu'ils agissent contre leur propre intérêt, et cette conscience est avivée par la présence de quelqu'un qui n'a pas de tels comportements.

> *« Qui se ressemble s'assemble. »*
>
> — RICHARD BACH,
> *ILLUSIONS*

En compagnie d'autres personnes qui se plaignent plus ou moins que nous, nous nous sentons mal à l'aise. Nos degrés de vibration respectifs sont différents, et les gens dont l'énergie n'est pas la même se repoussent mutuellement.

Dans l'un de ses livres, *Illusions*, Richard Bach répète une vérité simple et profonde : « Qui se ressemble s'assemble. » Les gens qui se ressemblent, qu'ils soient pessimistes ou optimistes, attirent ceux qui ont le même type d'énergie. Nous sommes tous des êtres d'énergie, et les énergies qui ne vibrent pas à la même fréquence ne s'harmonisent pas.

Il est triste mais juste de dire que, plutôt que de vous soutenir dans vos efforts en vue de cesser de vous plaindre, nombreux sont ceux qui tenteront de vous décourager, de vous dissuader d'amorcer cette transformation positive.

En 1967, une étude menée sur des singes rhésus a reflété cette tendance des humains. Un jouet unique a été placé dans une cage de rhésus et, chaque fois qu'un singe s'en approchait, il était puni (l'étude ne révèle pas la nature de la punition).

Lorsqu'un nouveau singe, c'est-à-dire un singe qui n'avait pas été puni pour avoir voulu saisir le jouet, était introduit dans la cage, la plupart des autres singes l'attaquaient chaque fois qu'il s'approchait du jouet. Les singes qui ne participaient pas à l'agression sautillaient, faisaient le gros dos et se comportaient de manière agressive.

Les amis, les membres de la famille, les collègues et même les simples connaissances se sentent menacés lorsque nous essayons d'échapper au groupe, lorsque nous essayons de saisir le «jouet», une vie meilleure par exemple. Même si vous tentez d'accomplir quelque chose qui est dans votre intérêt, beaucoup essaieront de contrarier vos projets. Paradoxalement, lorsqu'elles vous verront plus heureux, ces mêmes personnes voudront savoir quel est votre secret. À ce moment-là, contentez-vous de leur sourire et de leur tendre un bracelet pourpre.

Selon l'un des mythes les plus répandus sur les plaintes, il faut se plaindre pour faire changer les autres. Or, vos plaintes n'ont jamais provoqué le moindre changement positif chez qui que ce soit, pas même chez vous. Au contraire, lorsque vous vous plaignez à quelqu'un de son comportement, vous définissez cette personne comme quelqu'un qui présente ce comportement, et il est beaucoup plus probable – pas moins probable – qu'elle continuera de le présenter.

Si vous dites à quelqu'un: «Tu laisses toujours traîner tes chaussettes par terre», cette personne continuera de le faire. C'est comme les ruses mentales des chevaliers Jedi dans *La Guerre des étoiles*. Votre commentaire se grave dans l'esprit de l'autre, le définit comme quelqu'un qui laisse traîner ses chaussettes sales par terre et l'incite à perpétuer le comportement décrié. Il vaut beaucoup mieux demander à cette personne d'adopter le comportement que vous souhaitez, puis la féliciter (sans sarcasme) lorsqu'elle commencera à se comporter à peu près comme vous le voulez.

> Vos plaintes n'ont jamais provoqué le moindre changement positif chez qui que ce soit, pas même chez vous.

Je connais un groupe de femmes de Kansas City qui se réunit chaque semaine pour ce qu'elles appellent une «thérapie de groupe». Elles se rencontrent dans un restaurant mexicain où elles boivent des margaritas en cassant du sucre sur le dos des hommes. D'après ce qu'on m'a dit, leur thème de prédilection serait «tous les hommes sont des chiens».

Pensez-y. Si vous venez de passer des heures à vous plaindre à vos amis de ce que l'homme de votre vie est un chien, devriez-vous vous étonner de le voir affalé sur son fauteuil lorsque vous rentrez à la maison? Votre esprit cherche la confirmation de ce que vous avez dit. Vos plaintes deviennent une désagréable prédiction… qui se réalise.

Aucune des femmes de ce groupe ne vit une relation heureuse et épanouissante avec un homme. Souhaitent-elles vivre une telle relation? Bien sûr, mais elles émettent avec leurs plaintes des vibrations d'énergie selon lesquelles «les hommes sont des chiens», ce qui fait qu'elles recherchent et attirent des hommes qui présentent ce genre de comportement.

Cherchez et vous trouverez. Elles créent leur réalité avec leurs plaintes.

Vous croyez peut-être que ces femmes entretiennent une relation avec des hommes dénués d'amour et qu'elles se rencontrent parce qu'elles sont dans la même situation et qu'elles veulent s'exprimer et obtenir du soutien. Songez que leurs plaintes perpétuent leur tristesse parce qu'elles définissent leur relation comme étant problématique.

Vos mots révèlent, renforcent et perpétuent vos pensées. Lorsque vous vous plaignez, vous repoussez en fait ce que vous prétendez vouloir. Vos plaintes éloignent de vous les choses que vous dites convoiter.

Un couple – disons Roland et Lorraine – a rencontré un autre couple dont le fils avait environ le même âge que sa fille. Comme les adultes avaient beaucoup de choses en commun et que les enfants adoraient jouer ensemble, les deux familles se rencontraient souvent. Au fil des mois, Roland et Lorraine ont tous deux constaté qu'ils commençaient à appréhender ces rencontres.

Un soir, Lorraine a dit : «Je les aime bien, ces deux-là, mais chaque fois qu'elle et moi sommes seules ensemble, elle n'arrête pas de se plaindre de son mari.»

«Lui fait la même chose, lui a répondu Roland. Il se plaint sans cesse d'elle. Ce n'est pas tout, il semble aussi résolu à découvrir tout problème que nous pourrions avoir toi et moi.»

Parler directement et exclusivement à la personne qui peut régler le problème, ce n'est pas se plaindre.

Selon l'adage, il fait bon de raconter ses malheurs; j'ajouterais : mais pas pour ceux qui doivent les écouter. Après un certain temps, Roland et Lorraine ont commencé à passer de moins en moins de temps avec l'autre couple et ont fini par rompre toute relation avec lui.

Pour s'affranchir des plaintes, il faut commencer par mettre en pratique de saines techniques de communication. Parler directement et exclusivement à la personne en mesure de régler le problème, ce n'est pas se plaindre. Au lieu de se plaindre à Roland et à Lorraine, leurs deux amis auraient dû discuter ensemble et régler eux-mêmes leurs problèmes.

Même si cela semble évident, ce n'est pas la norme pour la plupart des gens. Lorsque les gens sont mécontents de leur patron, ils s'en plaignent à leur femme. Lorsqu'ils sont mécontents de leur partenaire, ils s'en plaignent à leurs amis. Ils parlent à tout un chacun, sauf à la seule personne réellement à même d'améliorer la situation; déçus et étonnés, ils se demandent pourquoi la relation ne prend pas du mieux.

Les relations servent à deux choses:

1. Plaisir
2. Croissance

Le plaisir, c'est l'ensemble des petites joies que l'on tire de notre association avec l'autre personne. La croissance vient du fait que la relation permet de faire remonter à la surface de vieux problèmes non réglés. Lorsque l'on vit avec quelqu'un pendant un certain temps, les événements du passé finissent par être évoqués. Les relations permettent de rouvrir le vieux coffre à souvenirs et de régler enfin ce qui ne l'a pas encore été.

Au lieu de régler les problèmes en les abordant avec la personne concernée, la plupart des gens la tiennent pour responsable de tout et se plaignent ensuite à leurs amis pour obtenir d'eux la confirmation qu'ils sont des victimes. En réalité, la relation leur permet de placer le problème directement devant leurs yeux afin qu'ils puissent le régler une fois pour toutes.

Discuter de la situation avec une personne autre que celle avec laquelle vous éprouvez des difficultés revient à faire de la triangulation. Une communication saine consiste à parler directement et uniquement avec la personne concernée.

> «Il est impossible de souffrir sans vouloir le faire payer à quelqu'un; toute plainte recèle déjà une vengeance.»
>
> — FRIEDRICH NIETZSCHE

La triangulation est assimilable à la plainte ; elle perpétue les problèmes au lieu de les résoudre.

Vous avez peut-être fait l'expérience de ce phénomène dans votre propre vie. Par exemple, l'un de vos enfants est fâché contre son frère ou sa sœur et vient vous en parler. En parent avisé, vous vous mêlez du différend en donnant des conseils à votre enfant sur ce qu'il doit faire ou, pire encore, en abordant la situation vous-même avec l'autre enfant. À court terme, vous avez peut-être réglé la situation, mais vous n'avez pas fourni à vos enfants les outils dont ils ont besoin pour résoudre les problèmes futurs. Vous permettez à l'enfant qui se plaint de rester une victime dans la situation et vous laissez s'établir un modèle de triangulation pour le règlement des difficultés futures.

Bien sûr, vous souhaitez aider et soutenir vos enfants, mais lorsque vous tentez de régler les différends qu'ils peuvent avoir entre eux, vous ne donnez pas l'exemple d'une communication saine. De plus, vous invitez inconsciemment vos enfants à vous engager dans leurs conflits futurs, quelle qu'en soit l'ampleur ou l'importance.

Choisissez plutôt de les inciter à se parler, à se fier à leur propre instinct pour régler leurs conflits. Ce faisant, vous leur faites le cadeau d'une communication saine. Plus important encore, vous les aidez à comprendre qu'ils ont le pouvoir d'améliorer les situations problématiques.

La triangulation est endémique dans de nombreuses Églises. J'ai dernièrement entendu l'histoire d'un ministre du culte qui parlait à l'un de ses collègues de la manière dont un troisième ministre dirigeait ses propres fidèles. Après avoir passé quelques minutes à écouter les critiques de l'homme, le collègue – qui n'avait pas dit un mot jusque-là – a poussé sur le bouton mains libres de son téléphone et appelé le ministre décrié.

Lorsque le troisième ministre a décroché, le second lui a dit : « Ed ? C'est Jerry. J'utilise la fonction mains libres en ce moment. Je suis en compagnie de Mike. Mike est en train de me faire part de ce qu'il pense de la manière dont tu diriges tes ouailles. Je ne souhaite pas participer à une triangulation et je sais que tu apprécieras les commentaires que Mike va faire. Alors, je te le passe. »

Le révérend Mike est resté bouche bée, le visage empourpré. Il a fini par marmonner quelques commentaires, puis s'est empressé de mettre fin à l'appel. Il s'est levé et a quitté précipitamment le bureau de Jerry.

À ce moment-là, le révérend Mike a clairement compris le message selon lequel la triangulation manque d'intégrité, et Jerry a établi de saines limites garantissant qu'il n'aurait plus à entendre Mike critiquer d'autres ministres du culte.

Voici une affirmation peu réjouissante : vous ne remarqueriez pas les défauts des autres s'ils n'étaient pas aussi les vôtres. Les gens qui commandent les bracelets pourpres « pour tous les râleurs de leur entourage » découvrent généralement après les avoir reçus et portés qu'ils sont eux aussi sont des plaignards invétérés. Si vous êtes honnête avec vous-même, vous constaterez que les traits qui vous dérangent chez les autres sont des traits que vous possédez vous aussi. Vous n'en êtes qu'au stade de l'Incompétence inconsciente en ce qui concerne cette partie de votre personnalité, et les relations avec les autres servent à vous en faire prendre conscience.

> « Si nous n'avions point de défauts, nous ne prendrions pas tant de plaisir à en remarquer dans les autres. »
>
> — FRANÇOIS DE LA ROCHEFOUCAULD

Si vous vous sentez obligé de faire remarquer à quelqu'un un trait négatif de sa personnalité, commencez par vous assurer de ne pas présenter le même trait et, si vous le présentez, remerciez le ciel d'avoir eu la chance d'en prendre conscience pour pouvoir l'améliorer. À mesure que vous découvrirez et intégrerez ces fragments de votre personnalité – c'est-à-dire que vous commencerez à accepter et à aimer vos petites excentricités –, ces mêmes excentricités cesseront de vous irriter chez les autres.

Ne laissez pas l'envers positif de cette vérité vous échapper : les traits que vous admirez chez les autres vous attirent pour les mêmes raisons – parce que vous les présentez aussi. Ce que vous admirez chez l'autre est en vous. Ces traits positifs pourraient être latents pour l'instant, mais dès que vous y concentrerez votre attention et les chercherez, ils monteront à la surface.

> Dans une relation, les partenaires s'entraînent mutuellement.

Vous créez votre réalité à l'aide de vos pensées et de vos paroles, et cette énergie vibre jusqu'à atteindre les autres. L'énergie de chacun des partenaires d'une relation contribue à l'évolution de cette relation. Comme un long fleuve, la relation décrit des circonvolutions que les partenaires traversent, portés par ses flots. Les gens changent dans les relations, même s'ils ne s'en rendent pas compte.

Voici un moyen simple d'illustrer comment les relations influent sur les gens et comment les gens qui en font partie ont tendance à se mélanger et à se ressembler. La prochaine fois que vous vous trouverez devant un auditoire qui commence à applaudir, vous remarquerez que si ces premiers applaudissements se prolongent, les membres de l'auditoire vont commencer à applaudir à l'unisson. Les applaudissements seront synchronisés. C'est un effet d'entraînement. Il en va de même dans une relation : les partenaires s'entraînent mutuellement.

J'ai vérifié ce phénomène de nombreuses fois : lorsque mon auditoire est vaste, je lui demande d'applaudir et de continuer de le faire tant que je ne lui aurai pas dit de s'arrêter. Cela peut prendre quelques secondes, ou parfois une minute ou deux, mais le phénomène se produit inévitablement. Les applaudissements deviennent rythmés. Les spectateurs commencent à applaudir en synchronisation, comme s'ils étaient des métronomes humains – ils s'entraînent mutuellement.

L'effet d'entraînement, comme la gravité, est un phénomène qui n'est ni bon ni mauvais – il existe tout simplement. Et, comme la gravité, il est à l'œuvre en tout temps. Vous vous synchronisez constamment avec votre entourage. Vous l'entraînez et il vous entraîne. Lorsque vous êtes en compagnie de personnes qui se plaignent, vous constaterez que vous avez tendance à vous plaindre davantage. Et si vous de votre côté commencez à vous plaindre moins souvent, votre entourage fera de même.

Pour améliorer vos relations, n'attendez pas que les autres cessent de se plaindre. Engagez-vous à devenir la force positive dans la relation. Le changement que vous recherchez n'est jamais à l'extérieur, mais bien à l'intérieur. Comme l'a dit saint François d'Assise : « Vous êtes ce que vous cherchez. »

Pour améliorer vos relations, continuez de vous améliorer, vous. Ce que vous êtes et ce que vous dites influencent et orientent toutes vos relations.

Dès que deux personnes se rencontrent, leur conversation est une entité organique qui évolue. Elle sinue de sujet en sujet, selon les commentaires des interlocuteurs. La discussion dans un groupe fait penser au mouvement d'une volée d'oiseaux.

> *« Vous êtes ce que vous cherchez. »*
>
> — SAINT FRANÇOIS D'ASSISE

Avez-vous jamais observé une large volée d'oiseaux roulant en vagues lentes à travers un ciel morne ? Comme un être vivant unique, la volée glisse doucement dans un sens, puis voltige un instant au-dessus de votre tête, avant de planer paresseusement dans l'autre sens. Puis, comme si un signal lui était donné, la volée s'élance verticalement en spirale, avant de redescendre et de se répandre par terre dans un champ vide.

Les chercheurs qui ont étudié la chorégraphie des oiseaux pensent qu'il y aurait un chef de file qui guide les mouvements de la volée. Ils ont essayé de reconnaître des signaux subtils qui proviendraient de ce chef de file, mais ils ont été incapables de repérer un tel chef. Ce sont les mouvements de chaque oiseau qui définissent celui de la volée. Si l'un des oiseaux décide de virer à gauche ou à droite, de ralentir ou d'accélérer, de s'élancer vers le haut ou vers le bas, ceux qui l'entourent réagissent et la volée se déplace en conséquence. Chaque oiseau détermine la forme, le mouvement, la vitesse, l'altitude et la direction de la volée. La tache d'encre kaléidoscopique que nous voyons évoluer comme une volée résulte de milliers de décisions individuelles prises seconde après seconde.

De la même manière, la structure d'une conversation est variable et régie par le groupe. Quelqu'un parlera d'un livre, et la discussion portera sur les livres pendant un certain temps. S'il s'agit d'un livre sur le camping, le groupe parlera du camping. Une conversation est une merveilleuse symphonie dont la mélodie se poursuit jusqu'à ce que l'un des instrumentistes la modifie subtilement ; une toute nouvelle mélodie apparaît alors et entraîne l'orchestre tout entier.

Dans les conversations, les plaintes ont tendance à exercer une influence subtile, insidieuse. Comme le léger mouvement d'un oiseau se répercute sur toute la volée, les effets d'une seule plainte peuvent toucher tous les membres d'un groupe et gâcher l'atmosphère pour tout le monde.

Comme je l'ai dit, cela se produit insidieusement. Une personne se plaint et attire du coup l'attention ou la sympathie du groupe. Sans même se rendre compte qu'elle cherche à obtenir le même résultat, une deuxième personne se plaint à son tour, mais en dépeignant une situation plus déplorable que celle de la première. On entend presque le groupe pousser un « ah ! » collectif quand il fixe son attention sur l'auteur de la deuxième plainte. Pour ne pas être en reste, la première personne brode sur sa plainte initiale, ou bien une troisième suit le mouvement en énonçant une plainte qu'elle veut encore plus prenante que les deux premières. S'ensuit une compétition où tous les coups sont permis.

Vous remarquerez que les plaintes émises dans un groupe s'aggravent toujours progressivement. La prochaine fois que vous vous trouverez parmi un groupe, observez ce qui se passe lorsque quelqu'un se plaint. Une autre personne racontera une histoire sur le même sujet, mais avec un dénouement plus dramatique. Quelqu'un d'autre voudra ensuite surpasser les deux premiers cas, et bientôt tous les membres du groupe se creuseront les méninges pour se rappeler la plus catastrophique des expériences qu'ils ont vécues sur le même sujet afin de la raconter au groupe. La volée, qui était peut-être en train de voltiger dans un ciel radieux, commence à plonger vers le fond d'un ravin.

Le lancer de plaintes est un sport de compétition. Il va toujours en progressant. Si quelqu'un se plaint de s'être foulé la cheville en faisant du ski, un autre racontera la fois

Le lancer de plaintes est un sport de compétition.

où il s'est cassé la jambe. La première personne ajoutera peut-être qu'une cheville foulée est plus douloureuse et plus longue à guérir qu'une jambe cassée. La seconde pourra rétorquer que, même si c'est parfois le cas, ce ne l'était pas pour elle ; pour bien illustrer ce point, elle lèvera la jambe de son pantalon pour dévoiler la cicatrice où les tiges et les vis ont été insérées pour réparer chirurgicalement l'os brisé.

Les plaintes évoluent toujours dans la même direction : vers des expériences toujours plus désastreuses. Imaginez-vous assis à une table avec des amis ; l'un d'eux se plaindrait d'avoir perdu la même semaine son travail et sa petite amie ; un autre dirait avoir souffert d'un douloureux ongle incarné et d'un furoncle dans une même période de sept jours. Le groupe regarderait le deuxième ami d'un drôle d'air, en se demandant s'il est sain d'esprit. Dans un groupe, répétons-le, les plaintes vont toujours en s'aggravant.

Une belle illustration de l'art de faire mieux que les autres en matière de plainte est donnée par la troupe britannique Monty

Python's Flying Circus dans son sketch satirique *The Four Yorkshiremen*, paru en 1974 sur l'album *Live at Drury Lane*.

Dans le sketch, quatre hommes élégants et raffinés du Yorkshire, en Angleterre, sont attablés et boivent un vin très cher. Au début de la conversation, ils se félicitent d'avoir si bien réussi dans la vie, mais la conversation prend peu à peu un ton négatif. Ensuite, c'est à qui aurait plus de talent que les autres pour se plaindre de sa pauvreté du passé, avec des excès qui suscitent l'hilarité.

L'un des hommes affirme qu'autrefois il aurait estimé avoir beaucoup de chance s'il avait pu se payer une tasse de thé. Un deuxième, souhaitant faire mieux que le premier, dit qu'il aurait été heureux s'il avait pu acheter du thé *froid*.

Les deux autres comparses interviennent et les plaintes s'intensifient. Chacun essaie de prouver que sa vie antérieure a été plus difficile que celle des autres en formulant des commentaires de plus en plus ridicules. L'un d'eux décrit l'état de décrépitude de la maison de son enfance. En guise de réponse, un autre lève les yeux au ciel et lui lance : « Une maison ! Tu avais la chance de vivre dans une maison ! Nous, nous vivions tous dans une même chambre, à vingt-six, sans aucun meuble ; il manquait la moitié du plancher, et nous nous blottissions dans un coin de crainte de tomber. »

Tous se lamentent sur leur passé, en le dépeignant de manière de plus en plus sombre. « Tu avais de la chance d'avoir une chambre, commente l'un des hommes, nous devions habiter dans le corridor ! »

« Nous, nous rêvions de vivre dans un corridor, renchérit un autre. Nous habitions dans un vieux réservoir juché sur un amas de déchets. Nous nous réveillions chaque matin lorsqu'on déversait sur nous un chargement de poisson pourri. »

« Quand je dis une maison, j'exagère, ce n'était qu'un trou creusé dans le sol, avec une toile par-dessus, mais, pour nous, c'était une maison. »

« Quand nous avons été expulsés de notre trou, nous avons dû aller habiter dans un lac. »

« Vous aviez de la chance d'avoir un lac ! Nous vivions à 150 dans une boîte à chaussures installée au beau milieu d'une route. »

L'un des hommes décide enfin que la compétition a assez duré. L'air déterminé, en inspirant profondément et en se redressant sur sa chaise, il dit : « Très bien. Moi, je devais me lever le matin à 22 h, une demi-heure avant d'aller me coucher, boire une tasse d'acide sulfurique, travailler 29 heures par jour dans une usine et payer le propriétaire de cette usine pour avoir la permission d'y travailler. Et quand mes frères et moi rentrions à la maison, papa et maman nous tuaient et dansaient autour de notre tombe en chantant *Hallelujah* ! »

Pour devenir quelqu'un qui ne se plaint pas, vous devez faire passer votre boussole émotionnelle du négatif au positif. Cependant, vous êtes et serez toujours entouré de personnes qui se plaindront de vous ou à vous. Leur négativité risque de vous inciter à faire comme eux et, comme dans une course de relais, à passer à votre tour le témoin des plaintes à quelqu'un d'autre.

Au restaurant, l'autre jour, tandis que l'hôtesse me conduisait à ma table, j'ai entendu un homme fredonner *Here Comes the Sun*, la chanson des Beatles. C'était un restaurant de type buffet ; pendant que je faisais la file pour remplir mon assiette, je me suis surpris à la fredonner moi aussi.

Après mon repas, je suis allé dans un magasin voisin où j'ai vu une femme qui s'était trouvée à côté de moi quand je m'étais servi au buffet. Elle aussi fredonnait maintenant *Here Comes the Sun*, je suppose, parce qu'elle m'avait entendu le faire. Je me suis demandé qui cette fois entendrait cette femme et commencerait à fredonner cette chanson, et qui d'autre entendrait cette personne, et qui d'autre ensuite, et jusqu'où se rendrait cette chaîne d'influence.

Nos paroles aussi, optimistes ou pessimistes, se propagent chez les autres de cette manière-là. Nous pouvons choisir d'ajouter à la négativité du monde en répandant nos plaintes ou nous décider à faire en sorte que les plaintes s'arrêtent avec nous.

J'ai reçu un jour le coup de fil d'une ministre du culte de Louisiane qui me disait que l'idée d'Un Monde sans plaintes ne marchait pas.

« Comment ça "ne marche pas" ? lui ai-je demandé.

— J'ai distribué les bracelets dans mon église, a-t-elle répondu, j'ai prononcé une série de sermons sur le sujet, mais les fidèles de mon église se plaignent autant qu'auparavant.

— Combien de temps avez-vous mis pour franchir les 21 jours consécutifs ? »

Elle m'a répondu qu'elle ne l'avait pas fait, qu'elle avait éprouvé de la difficulté et qu'elle avait rangé le bracelet dans un tiroir.

Je lui ai rappelé une citation du poète et philosophe romain Publilius Syrus : « Chacun peut aisément, sans effort ni travail, sur des flots endormis, tenir le gouvernail. » Je lui ai suggéré de remettre son bracelet et de prêcher par l'exemple. Elle a marmonné quelque chose et s'est empressée de raccrocher. Je n'ai plus jamais eu de nouvelles d'elle.

Je ne sais pas pourquoi, elle semblait avoir perdu de vue le concept qui forme le cœur même du leadership et qui est essentiel à toute relation positive. Nous devons donner l'exemple aux autres. Benjamin Franklin a formulé l'idée de cette façon : « Un bon exemple est le meilleur sermon. » Et Gandhi : « Nous devons vivre ce que nous voulons que les autres apprennent. » Si vous voulez que les autres changent et que vos relations s'améliorent, vous devez changer le premier.

> *« Nous devons vivre ce que nous voulons que les autres apprennent. »*
>
> — GANDHI

Comme je l'ai dit, grâce à l'explosion de popularité du concept d'Un Monde sans plaintes, j'ai eu l'occasion de m'adresser à des groupes et à des entreprises du monde entier. Dans les entreprises dont les chefs relevaient eux-mêmes le défi des 21 jours et le réussissaient, on a constaté une amélioration remarquable du moral du personnel ainsi que des affaires. Leurs subalternes avaient envie de relever eux aussi le défi; toute cette expérience a rendu le milieu de travail plus positif et a donné à chacun le sentiment de faire partie d'une grande équipe.

Cependant, les organisations qui ont fait appel au «type du Monde sans plaintes» dans l'espoir de faire taire leurs employés ou leurs clients mécontents n'ont tiré que peu d'avantages de l'exercice ou n'en ont tiré aucun.

Quand des patrons, des parents, des ministres du culte, des entraîneurs ou des chefs de famille commandent les bracelets pourpres en souhaitant que tout le monde autour d'eux cesse de se plaindre, j'ai envie d'ajouter dans la boîte un petit avertissement du genre : «Attention! Le défi ne va pas marcher si vous ne le relevez pas vous aussi.»

L'idée d'Un Monde sans plaintes serait mort-née si je ne m'étais plié au processus laborieux de changer mon propre bracelet de poignet jusqu'à ce que j'atteigne 21 jours consécutifs sans me plaindre et si, durant toute la période du défi, je n'avais pas déclaré honnêtement mes progrès.

Souhaitez-vous que vos amis, vos enfants, vos parents, votre partenaire, votre frère ou votre sœur, votre patron, vos collègues ou d'autres cessent enfin de se plaindre? Quelqu'un doit leur montrer la voie. Quelqu'un doit oser emprunter sa propre direction, même si cela signifie qu'il nous faut parfois heurter les oiseaux qui font partie de notre volée.

Si vous êtes un chef de file et voulez que ceux dont vous avez la charge deviennent plus optimistes, rappelez-vous que le chef de file, comme son nom l'indique, fait face à l'horizon, se trouve devant les autres et les guide.

Si vous vous trouvez dans un nid de plaignards, songez que c'est probablement votre place. Comme vous le découvrirez durant votre voyage vers un Monde sans plaintes, vous vous plaignez beaucoup plus souvent que vous le pensiez, et qui s'assemble se ressemble.

Pendant que je m'efforçais de passer 21 jours consécutifs sans me plaindre, j'ai compris au bout d'environ un mois que je pouvais vivre plusieurs jours d'affilée sans me plaindre. Ensuite, je recevais un appel téléphonique de mon ami Scott (ce n'est pas son vrai prénom).

Après une conversation durant laquelle j'ai changé mon bracelet de poignet quatre fois, j'ai confié à une amie commune : « Je vais devoir éviter cet ami d'ici à ce que j'arrive à mon vingt-et-unième jour. Sa négativité est tellement contagieuse que je commence à me plaindre chaque fois que nous nous parlons. »

« Je n'ai jamais remarqué qu'il est négatif, m'a-t-elle répondu.

— Vraiment ?

— Vraiment ! En général, il est joyeux et fait des commentaires optimistes sur ce qui se passe dans sa vie, et dans la mienne aussi. »

> *« Nous avons rencontré l'ennemi et l'ennemi, c'est nous. »*
>
> — POGO

Il m'a fallu un moment pour absorber ce qu'elle m'avait dit. Peut-être que *mon* mode de communication par défaut avec Scott consistait à me plaindre. À sa visite suivante, j'ai décidé de ne rien dire au lieu de me plaindre. Je ne me suis pas plaint et, étonnamment, lui non plus.

Pogo avait raison : « Nous avons rencontré l'ennemi et l'ennemi, c'est nous. » Dès que j'ai cessé de me plaindre à Scott, la conversation a cessé d'être un terreau fertile pour la négativité.

Combien de gens m'ont dit que, durant les efforts qu'ils déployaient pour s'affranchir des plaintes, les plaignards chroniques n'étaient simplement plus attirés par eux ! Par conséquent, le meilleur moyen d'obtenir de votre entourage qu'il se plaigne moins consiste à cesser vous-même de vous plaindre. Les autres sentiront votre énergie positive, et il est moins probable qu'ils seront négatifs avec vous.

La première étape vers tout changement positif consiste à accepter l'état dans lequel se trouve la personne concernée. Si vous la poussez pour qu'elle change, elle s'attachera encore plus à sa façon d'être actuelle.

Le Japon a récemment été frappé par l'un des pires séismes de son histoire, comme l'avait été la Chine plusieurs années auparavant.

Les Japonais et les Chinois se servent du même symbole pour décrire un immeuble conçu pour résister à un séisme. Cependant, en japonais, le symbole se traduit par « tolérer » ou « accepter », tandis qu'en chinois il se traduit par « combattre ». Par conséquent, en japonais on dit que l'immeuble antisismique tolère le séisme, et en chinois qu'il le combat.

Un séisme transmet de son épicentre une onde de choc qui frappe tout ce qu'elle touche. Les plaintes se transmettent de la même manière et touchent tous ceux qui les entendent. Comme je l'ai dit, du fait que vous lisez ces pages, vous tendez à remarquer les plaintes et les plaignards beaucoup plus qu'auparavant. Vous constatez peut-être aussi que vous éprouvez des sentiments négatifs à l'endroit de ces personnes et que vous leur en voulez. Quand cela se produit, songez aux traductions japonaise et chinoise du même symbole.

Si votre intention est de combattre les plaignards, votre tâche sera beaucoup plus difficile que si vous commencez par les tolérer et les accepter.

CHAPITRE 4
Pourquoi se plaint-on ?

La négativité ne peut s'alimenter que de négativité.
— ELISABETH KÜBLER-ROSS

La psychologue Robin Kowalski, de l'Université Clemson, a trouvé cinq raisons qui expliquent pourquoi l'on se plaint. Lorsque vous entendrez des plaintes, les vôtres ou celles des autres, vous remarquerez qu'elles sont toutes émises pour une ou plusieurs de ces raisons.

Voici un petit truc mnémonique que j'ai créé pour vous aider à vous souvenir des raisons qui font que les gens se plaignent ; l'acronyme est R.O.G.N.E. :

Recevoir de l'attention
Occulter sa responsabilité
Générer de l'envie
Nourrir son pouvoir
Excuser sa piètre performance

Recevoir de l'attention L'être humain éprouve le besoin inné d'être reconnu par les autres. Grâce à l'attention qu'on lui accorde, il sent qu'il est en sécurité et qu'il compte pour les autres. Cette reconnaissance lui dit qu'il fait partie de la tribu. Souvent, les gens se plaignent simplement parce qu'ils veulent attirer l'attention des autres et ne trouvent aucun autre moyen, plus positif, d'obtenir ce dont ils ont tant besoin.

VOIX

J'ai appris l'existence de ce merveilleux programme à l'émission Today. *J'ai commencé à demander à mes collègues s'ils aimeraient y participer. La plupart ont dit oui, et nous avons commandé nos bracelets. Nous avons décidé, en attendant de les recevoir, de choisir un jour de la semaine pendant lequel nous ne nous plaindrions pas. Nous avons fait du premier jour de la semaine un LUNDI SANS PLAINTE.*

Nous avons épinglé des affiches sur les tableaux du bureau pour rappeler aux employés de ne pas se plaindre les lundis. Cela a été une grande inspiration pour nous tous, et nous nous saluons généralement le lundi en nous lançant un « bon lundi sans plaintes ».

À bien y penser, la vie est courte. Nous sommes toujours à la recherche de grandes satisfactions, comme gagner plus d'argent, obtenir la sécurité d'emploi, perdre du poids, etc., mais il faudrait que nous commencions à voir tous les petits bonheurs qui nous sont donnés chaque jour.

Je pense que ce programme est extraordinaire. Nous avons beaucoup de chance dans la vie !

— Sally Scudiere,
Kent, Ohio

Le climat, le travail, leur partenaire, leurs enfants, l'économie, les équipes sportives locales sont les sujets privilégiés par les gens qui se plaignent pour obtenir votre attention. Ce que ce type de plaignard dit en fait, c'est : « Hé ! J'existe ! Je veux te parler. Je veux ton attention, mais je ne sais absolument pas quoi dire à part me plaindre de quelque chose. »

Si un collègue a tendance à venir fréquemment vous voir dans votre espace de travail pour se plaindre, songez que cette personne ne recherche peut-être qu'un peu d'attention. Passez à l'action le premier, en vous informant sur ses passe-temps, sa famille, sa santé, etc. Accordez de l'attention à cette personne en premier lieu, afin qu'elle n'éprouve pas le besoin de vous la solliciter au moyen de plaintes.

Vous vous dites peut-être que vous n'avez pas de temps à perdre avec ces choses-là. Demandez-vous alors si vous en avez à perdre en écoutant continuellement les plaintes de votre collègue. Êtes-vous résolu à changer vos rapports avec cette personne?

Voici une bonne technique pour lancer la conversation sur une note positive. Posez cette question: «Alors, qu'arrive-t-il de bon avec [toi, ta famille, ton travail, ton passe-temps, etc.]?»

Le plaignard compulsif vous répondra probablement en vous décrivant tout ce qui va mal à propos du sujet que vous avez lancé. Cette personne est tellement habituée à se plaindre pour attirer l'attention qu'il ne lui est jamais venu à l'esprit qu'il est possible d'avoir une connexion positive avec quelqu'un. Au lieu de combattre cette réaction, acceptez-la. Pensez que vous faites à peu près la même chose que quelqu'un qui apprend à parler à un perroquet. Cela exigera beaucoup de patience et d'efforts répétés de votre part, mais le jeu en vaut la chandelle si vous voulez établir une nouvelle relation avec ce collègue.

Quand votre collègue commence à se plaindre, souriez et interrompez-le gentiment en lui posant toujours la même question: «Oui, mais qu'est-ce qui va *bien* avec...?» Ou: «Oui, mais qu'est-ce que tu *aimes* dans...?» Ou encore: «Oui, mais, *idéalement*, comment souhaiterais-tu que cela marche?»

Tout comme il vous faut parfois passer plusieurs semaines à changer votre bracelet de poignet avant d'arriver à vivre une journée complète

> Quand quelqu'un se plaint pour recevoir de l'attention, demandez-lui: «Qu'est-ce qui va bien pour toi?»

sans vous plaindre, vous devrez peut-être réorienter plusieurs fois votre collègue avant qu'il se rende compte qu'il y a en fait des éléments positifs dans sa vie. Soyez patient et faites preuve de compassion. N'oubliez pas que ce type de personne vit dans la crainte de ne pas pouvoir établir de connexion avec les autres s'il ne se plaint pas.

Persévérez, et vous finirez par obtenir l'un de ces deux résultats : ou bien le plaignard se plaindra moins souvent ou bien il vous évitera.

C'est ce qui se passera. Le fait que vous insistiez gentiment pour que vos interactions soient positives – comme le prouvent les questions de réorientation que vous posez – modifiera le comportement de votre collègue ou l'incitera à ne plus s'approcher de vous.

Tout comme vous appréhendiez peut-être de le voir s'approcher de vous dans le passé, il se peut que, si vous persistez à vouloir lui arracher une réaction positive, ce soit lui qui commence à appréhender d'être en votre compagnie. Une personne qui est totalement absorbée par son «corps de souffrance» et qui ne souhaite pas s'en sortir éprouve autant de répulsion pour vos questions positives que vous en éprouvez pour ses plaintes.

Dans un cas comme dans l'autre, vous êtes gagnant.

<u>O</u>cculter sa responsabilité Le plaignard affirme : «Qu'est-ce que tu veux de moi ?» «C'est impossible.» «On ne peut rien contre la bureaucratie.» «C'est la faute du service de marketing.» «Le chien a mangé mon devoir.» «Elle était censée me réveiller.» «J'ai été pris dans un bouchon.» «Personne ne veut m'aider.» Et ainsi de suite…

Ce type de plaignard cherche à monter une défense de non-responsabilité en dépeignant la situation comme si elle était sans espoir. «Ça ne servirait à rien, dira-t-il, alors je ne vais même pas essayer.» De plus, il sollicite l'aval de ceux à qui il se plaint, afin qu'ils confirment son statut de victime.

Ces plaignards cherchent à rejeter la faute sur d'autres ou sur des situations pour justifier leur propre manque d'efforts. Ils accusent leurs parents, l'économie, leur peu d'instruction, leur âge et tout ce qui peut sembler plausible. C'est la faute de tout et de tout le monde.

Dans son livre *Le Processus de la présence*, Michael Brown associe le rejet de la faute sur les autres à un sentiment d'impuissance. La personne qui se plaint de sa vie en rejetant la faute sur le monde et sur les autres se sent impuissante à améliorer les choses. Ce type de personne rejettera toutes les suggestions de moyens à prendre pour y arriver.

> «*Responsabilité: Fardeau détachable, aisément transférable sur les épaules de Dieu, du Destin, de la Fortune, de la Chance ou du voisin. Du temps de l'astrologie, l'usage voulait qu'on s'en décharge sur une étoile.*»
>
> — AMBROSE BIERCE

Elle ne souhaite pas recevoir vos suggestions; elle souhaite que vous soyez d'accord avec elle sur le fait qu'elle est une victime impuissante.

Les choses se passent ainsi: la personne se plaint d'un problème; vous lui proposez une solution possible. Votre solution est immédiatement démolie par une autre plainte portant sur son inefficacité. Vous proposez une nouvelle solution, et celle-là aussi est rejetée sur-le-champ. Dans son livre *Des jeux et des hommes*, Eric Berne parle du jeu «oui, mais». Vous proposez une solution à quelqu'un, qui répond immédiatement «Oui, mais…», pour ensuite vous énumérer toutes les raisons qui font que votre suggestion sera inefficace.

Les gens qui cherchent à vous faire confirmer leur impuissance peuvent se livrer à ce jeu pendant des heures. Ils ne souhaitent pas que vous les aidiez à trouver des moyens d'accomplir une tâche ou de résoudre un problème. D'après leurs commentaires, vous croirez peut-être qu'ils le souhaitent, mais ce n'est pas le cas. Ils s'efforcent de vous faire reconnaître que le problème est impossible à résoudre. Ils ont préparé un argumentaire à cette fin et, si vous vous dites d'accord avec eux, cela justifiera leur inaction. Ce qu'ils veulent, c'est se décharger de la responsabilité de créer une solution et vous voir approuver leur position.

> Lorsque quelqu'un se plaint pour occulter sa responsabilité, demandez-lui ceci : « Si c'était possible, comment le feriez-vous ? »

Le célèbre conférencier Tony Robbins a mis au point une méthode brillante pour traiter avec ces gens. Je l'ai apprise il y a une vingtaine d'années au cours de l'un de ses séminaires et je l'ai mise en pratique des milliers de fois depuis. Chaque fois, son efficacité me surprend. Lorsque quelqu'un vous dit « cela ne peut pas être fait », vous devez lui répondre « *si* c'était possible, comment le feriez-vous ? ».

Après avoir lu ce qui précède, vous pensez peut-être que réagir ainsi, c'est faire peu de cas de votre interlocuteur ou bien que c'est une technique de manipulation si évidente que celui-ci vous accusera d'essayer d'obtenir quelque chose de lui par la ruse. Cependant, comme je l'ai dit, c'est une technique efficace ! Pendant que votre interlocuteur dresse la liste des raisons qui font que quelque chose ne peut être fait, continuez de lui demander comment il le ferait si c'était possible. Cela pourra lui ouvrir l'esprit et lui faire envisager des possibilités là où il ne voyait que des impossibilités. Cette personne commencera à songer à des moyens d'accomplir la tâche et concentrera son attention sur sa réalisation.

Si la question posée n'empêche pas votre interlocuteur de vous répondre « oui, mais… », dites-lui simplement que vous êtes convaincu qu'il est capable de trouver un moyen d'y arriver. Puis, chaque fois qu'il se plaindra pour justifier l'impossibilité de réaliser la tâche, répétez-lui ceci : « Je suis convaincu que tu es capable de trouver un moyen d'accomplir la tâche. » Cela est particulièrement efficace avec les enfants.

Comme cela a été le cas de la personne qui se plaint pour recevoir de l'attention, lorsque vous réagirez de la manière indiquée à celle qui se plaint pour occulter sa responsabilité, cette dernière vous considérera peut-être comme irrécupérable ou se tiendra simplement à bonne distance de vous. Encore une fois, vous sortirez gagnant dans les deux cas, parce que cette personne cessera de vous débiter ses plaintes.

Générer de l'envie Souvent, les gens se plaignent pour susciter l'envie, c'est-à-dire pour se vanter. Une personne se plaindra de quelqu'un pour faire savoir qu'elle n'a pas le défaut perçu chez l'autre.

«Mon patron est un homme stupide» est une manière déloyale de dire «je suis plus intelligent que mon patron et, si c'était moi le patron, tout irait mieux». La femme qui se plaint de ce que son mari est désordonné se vante en fait d'être une personne ordonnée. «Elle conduit comme une folle» signifie «je suis un conducteur prudent et courtois».

Ce phénomène est inconscient chez celui qui se plaint. Votre tâche consiste à aider le plaignard à s'affranchir de ce besoin de se mettre en valeur au moyen de comparaisons négatives. Les gens qui se plaignent dans le but de générer de l'envie essaient en réalité de se faire apprécier de vous. Ils se sentent vides et attaquent quelqu'un dans le but de gagner votre estime.

Les commérages sont des plaintes destinées à susciter l'envie. Lorsque vous commérez, vous devriez changer votre bracelet de poignet. Le message sous-jacent aux commérages, c'est que la commère se sent supérieure à la victime des commérages et qu'elle souhaite que vous reconnaissiez qu'elle l'est.

Commérer, c'est parler négativement de quelqu'un

> *«Personne ne bavarde des vertus cachées des autres.»*
>
> — BERTRAND RUSSELL

hors de sa présence. Je ne dis pas que vous ne pouvez jamais parler des autres. Je vous conseille plutôt ceci :

1. Ne parlez que des traits positifs des personnes absentes.
2. Tenez les mêmes propos, avec le même ton que vous le feriez si la personne était présente.

Nombreux sont ceux qui m'ont dit que cela enlevait tout le plaisir du bavardage.

C'est exact. Celui qui potine ne le fait pas dans le but de partager de l'information, mais plutôt pour mettre en relief ce qu'il perçoit comme des défauts chez quelqu'un d'autre et ainsi sembler lui être supérieur par comparaison.

Dans le film *Hitch*, Albert, le personnage de Kevin James, fréquente une jeune femme riche qui l'invite à une fête mondaine. Deux connaissances de la jeune femme s'approchent, et celle-ci entame la conversation en leur demandant s'ils ont vu une exposition d'œuvres d'art qui vient tout juste de commencer.

« C'est horrible ! » répond l'un des hommes.

S'efforçant de garder un ton positif à la conversation, la jeune femme demande aux deux hommes s'ils ont déjà dîné au restaurant qui vient d'ouvrir au centre-ville.

« C'est horrible ! » répond l'autre avec dédain.

Ces deux jeunes gens n'essayaient pas d'exprimer leur opinion sur l'exposition ni sur le restaurant. Ce qu'ils disaient, c'était plutôt : « Nous sommes si raffinés que rien ne peut être à la hauteur de nos attentes. »

Quand quelqu'un se plaint dans le but de générer de l'envie, félicitez-le de posséder le trait opposé.

La manière de réorienter ce type de plaignard est très simple. Quand quelqu'un commence à se plaindre d'un trait négatif qu'il perçoit chez un autre, félicitez-le de posséder *le trait positif correspondant*. Par exemple, si quelqu'un vous dit que telle ou telle personne se met en colère pour un oui ou pour un non, vous pourriez lui répondre : « Un trait que j'admire chez vous, c'est votre capacité à rester calme dans les situations difficiles. »

« Elle s'habille comme une clocharde », dit l'un.

« Vous êtes toujours si élégant ! Je suis fier d'être vu à vos côtés », répondez-vous.

« Elle est méchante et médit sur tout le monde », lance un autre.

« Vous traitez toujours les gens avec beaucoup d'égards. Vous ai-je dit combien j'aime ce trait de votre personnalité ? » déclarez-vous.

Les gens qui se plaignent ou qui bavardent dans le but de susciter l'envie essaient de vous mettre d'accord avec eux. Si vous acceptez, vous ne faites que susciter d'autres plaintes. Choisissez plutôt de braquer le viseur sur la personne qui se plaint – c'est ce qu'elle souhaite au fond ! – au lieu de le mettre sur celle dont votre interlocuteur se plaint. Ayez la présence d'esprit de féliciter le plaignard de posséder la qualité opposée au défaut qu'il déplore chez l'autre.

N'expliquez pas pourquoi vous agissez ainsi, car vous annuleriez l'efficacité de cette technique. Cherchez plutôt le trait principal qui motive la plainte et félicitez son auteur d'être tout à fait à l'opposé de ce trait.

Cette tactique mettra immédiatement fin aux plaintes, et vous pourrez entendre une mouche voler dans le silence étonné de votre interlocuteur. Celui-ci recommencera probablement à le faire au sujet de quelqu'un d'autre. Encore une fois, vous le complimenterez de la même manière. Bientôt, il se sentira repu sur le plan émotionnel et n'éprouvera plus le besoin de se plaindre.

Nourrir son pouvoir La plainte est souvent la devise qui sert à obtenir du pouvoir.

Le pouvoir, c'est l'autorité.

Le pouvoir, c'est le privilège.

Le pouvoir, c'est la facilité.

Le pouvoir, c'est un baume pour l'ego meurtri.

La recherche du pouvoir et les efforts déployés pour le conserver constituent une force motrice dans la vie de nombreux êtres humains. Ils essaient de combler le vide intérieur de leur âme en tentant de dominer les autres.

> «Être puissant, c'est comme être une femme. Si vous devez dire aux gens que vous l'êtes, vous ne l'êtes pas.»
>
> — MARGARET THATCHER

Lorsque quelque chose vous arrive, vous pouvez choisir de vous en accommoder, ou vous pouvez partir en guerre. Les plaintes sont souvent des tentatives de recrutement de soldats qui combattront de votre côté.

Les gens se plaignent parfois pour obtenir du soutien contre un rival pour le cas où se déclencherait une lutte pour le pouvoir. Vous verrez des gens se plaindre pour recueillir des appuis dans les entreprises, les églises, les familles, les groupes de citoyens, les associations de propriétaires – partout où il y a un groupe. L'un des membres du groupe, qui convoite un poste d'autorité, se plaindra de ses concurrents dans l'espoir d'acheter la loyauté des autres membres.

La personne qui se plaint pour nourrir son pouvoir dit en fait ceci : «Si la situation en vient jamais à une lutte à deux, moi contre lui, voici pourquoi vous devriez vous ranger de mon côté.»

Il y a peu de temps, je suis allé prononcer une conférence à Washington. J'ai pris la navette à l'aéroport. Le chauffeur a placé ma valise à l'arrière de la fourgonnette et a tenu la portière ouverte pour moi. Il ne restait qu'un siège libre; en m'y glissant, j'ai pu examiner l'homme – surtout ses vêtements – qui était assis sur le siège voisin.

Même s'il faisait 32 °C à Washington ce jour-là, mon voisin portait un manteau trois-quarts en laine, des gants qui montaient jusqu'aux coudes ainsi que non pas un, mais deux passe-montagnes. Je venais d'entendre à l'aéroport que l'alerte contre la menace terroriste était au niveau orange, et voilà que je me trouvais assis à côté de l'incarnation même du terroriste.

Comme pour aggraver la situation, l'homme s'est penché plusieurs fois vers moi pour me demander l'heure.

Je me suis dit en moi-même que c'était l'heure de fuir cette fourgonnette.

Il a fini par me dire qu'il était rédacteur et qu'il était en retard pour une entrevue à la radio. Je lui ai dit que j'écrivais moi aussi et lui ai demandé de quel ouvrage il faisait la promotion.

Il m'a répondu qu'il travaillait pour l'un des deux grands partis politiques des États-Unis et que son travail consistait à déterrer tout ce qui pouvait être négatif ou présenté de manière négative au sujet du candidat du parti adverse à l'élection présidentielle. Sa recherche servirait à fournir à l'équipe de la campagne de son candidat des éléments qui constitueraient de la publicité négative destinée à influer sur le choix des électeurs.

« J'ai écrit un manuel d'initiation aux coups bas dans une campagne électorale », a-t-il ajouté.

Il m'a ensuite demandé quel était le sujet de mes livres. J'ai réprimé un fou rire lorsque je lui ai dit que mes livres portaient sur le pouvoir qu'on obtient quand on ne se plaint pas. Un long moment de malaise silencieux a suivi.

Pour changer de sujet de conversation, je lui ai demandé pourquoi il était habillé si chaudement par une journée d'été si torride.

« C'est vraiment bizarre, m'a-t-il répondu. Auparavant, j'habitais ici, à Washington, mais je dois maintenant vivre en Floride. Quand je reviens ici, je suis sujet à faire des crises d'asthme. Je dois m'habiller ainsi, sinon je vais réagir à quelque chose dans l'air de cette ville, et je ne pourrai plus respirer. »

Lorsqu'il est descendu de la fourgonnette pour gagner son hôtel, je me suis dit en moi-même : « Comme c'est intéressant… ton travail consiste à polluer les ondes, et tu as de la difficulté à respirer. Mon ami, comme on fait son lit, on se couche. »

Je n'ai jamais su le nom de cet homme et j'ignore si son livre a eu du succès. Ce que je sais, c'est qu'on recourt souvent à la publicité négative dans les campagnes électorales, parce qu'elle est efficace. On ne gagne pas une élection en convainquant un nombre suffisant d'électeurs de voter pour un candidat; on la gagne en dégoûtant un nombre suffisant d'électeurs de voter ou en dénigrant l'un des candidats afin qu'ils votent pour l'autre. Les plaintes sont un moyen efficace d'acquérir du pouvoir.

> Quand quelqu'un se plaint à vous dans le but d'obtenir du pouvoir, invitez-le à parler directement à celui dont il se plaint.

Quand un enfant se plaint de son frère ou de sa sœur, qu'un travailleur se plaint de son supérieur ou d'un collègue, qu'un membre de l'association des propriétaires se plaint d'un autre membre, ou que quelqu'un vous fait entendre ses lamentations dans le but de vous voir adhérer à sa position, mieux vaut inviter le plaignard à parler directement à l'autre personne.

«C'est ce que j'ai fait, vous répondra-t-on probablement, mais cela n'a rien changé.»

«Il me semble alors que vous avez tous les deux d'autres choses à vous dire», observerez-vous. Ne vous laissez pas entraîner dans cette histoire.

Quand les gorilles se battent, mieux vaut s'éloigner de la jungle.

Refusez de prendre parti. Une personne qui se plaint dans l'espoir d'acheter votre loyauté cessera de le faire dès qu'elle comprendra que cette loyauté n'est pas à vendre.

Excuser sa piètre performance Contrairement à la personne qui se plaint pour justifier son inaction, celle qui le fait pour excuser sa piètre performance évoquera des circonstances atténuantes, voire expliquant son échec.

« *J'avais le soleil dans les yeux.* »
« *Il a buté contre moi juste au moment où je frappais la balle.* »
« *J'ai besoin d'une nouvelle poignée sur ce satané bâton de golf.* »
« *Tu ne m'as pas réveillé assez tôt.* »

Les plaintes destinées à excuser sa piètre performance sont des tentatives de rationalisation (justification consciente d'une conduite présentant des motivations inconscientes) ; tout aurait joué contre vous.

Le message que sous-entend ce type de plainte est : « Ce n'est pas ma faute. »

Ce type de plainte est aussi efficace que les autres. Les gens parviennent à justifier le fait qu'ils n'ont pas donné le meilleur d'eux-mêmes.

Le 6 juillet 1993, le Thomas & Mack Center de Las Vegas, au Nevada, était en effervescence. George Foreman avait l'occasion de remporter le titre de champion poids lourd de la World Boxing Organization à 44 ans, âge considéré comme très avancé pour un boxeur. Il semblait que c'était sa dernière tentative, désespérée, de reconquérir le titre. Ce soir-là, Foreman devait affronter une étoile montante, Tommy « The Duke » Morrison, de 20 ans son cadet. Foreman n'avait pas remporté de championnat majeur depuis une vingtaine d'années.

Foreman, dont la jeunesse avait été marquée par un tempérament notoirement maussade, revenait à la boxe l'esprit humble, optimiste et droit.

Le combat a duré 12 rounds complets ; Foreman refusait de s'asseoir dans son coin entre les phases du combat. Il expliquerait plus tard que, à son âge, il répugnait à s'asseoir de crainte de ne plus pouvoir se relever.

La puissance et l'allonge de Foreman étaient légendaires. Morrison, un homme très fort et très bien entraîné, refusait d'affronter directement Foreman ; round après round, il dansait et s'éloignait de son adversaire. Se sentant floués, les spectateurs ont commencé à huer Morrison.

Foreman a porté quelques coups puissants quand il a pu attraper Morrison, mais ce dernier a bien contre-attaqué. À la fin du 11e round, les commentateurs de la chaîne HBO ont déclaré que Foreman accusait sans doute un retard aux points et que le 12e round serait décisif pour la victoire.

> «Si vous dites que quelque chose n'est pas possible, ce que vous dites en réalité c'est : "Je n'en veux pas."»
>
> — SADHGURU JAGGI

Alors que les caméras de télévision montraient des gros plans d'un Foreman suant et haletant dans son coin, les membres de son équipe lui ont dit qu'il possédait sûrement une avance aux points, qu'il pourrait livrer le dernier round sans trop d'efforts et quand même remporter la victoire. Son équipe ne voyait pas ce que commentateurs et spectateurs pouvaient voir : même si Foreman s'était bien battu, Morrison avait accumulé plus de points que lui.

Foreman a suivi le conseil de son équipe et ne s'est pas trop épuisé au 12e round.

Foreman a perdu.

Une fois la décision unanime rendue, les reporters se sont précipités sur Foreman pour lui demander comment il se sentait après avoir reçu un mauvais conseil de son équipe. Était-il fâché ? Se sentait-il trompé ?

Foreman a ignoré leurs questions. Il ne s'est pas plaint. Il n'a pas parlé du conseil qu'il avait reçu. Avec un sourire sincère, il a félicité Morrison et remercié les gens qui l'avaient aidé et soutenu, y compris son équipe.

George Foreman venait-il de rater sa seule chance d'un grand retour dans le ring ? Pas du tout. Même s'il était un boxeur non classé qui ne méritait pas une autre occasion de revanche, cette occasion lui a été donnée ; en 1994, Foreman a remporté le titre de la World Boxing Association *en plus de* celui de l'International

Boxing Federation. Par la suite, il est devenu l'un des présentateurs de produits les plus populaires de la fin du XXe siècle et connu le succès à titre de commentateur sportif.

Certains affirment que c'est la ténacité de Foreman qui lui a apporté la réussite durant le deuxième chapitre de sa vie. En effet, lorsqu'il a commencé à s'entraîner pour son retour

> *« C'est un don. Je laisse la négativité couler sur moi comme l'eau sur le dos d'un canard. Si ce n'est pas du positif, je fais comme si je ne l'avais pas entendu. Grâce à cela, les combats deviennent faciles. »*
>
> — GEORGE FOREMAN

dans le ring, Foreman demandait à sa femme de le conduire à une quinzaine de kilomètres de leur maison, en banlieue de Houston, au Texas, et de le déposer sur le bord de la route. C'était selon lui le seul moyen de se forcer à courir sur cette distance.

D'autres attribuent à sa relation avec Dieu la renaissance du quadragénaire Foreman à la gloire et à la fortune. Le jeune adulte difficile et maussade s'est transformé en un homme mûr profondément spirituel. Après la défaite que lui avait infligée en 1977 Pedro Agosto à Porto Rico, Foreman était rentré dans sa loge, où il avait failli mourir d'épuisement et de chaleur. Aux portes de la nuit éternelle, Big George a supplié Dieu de le sauver ; une fois sa vie épargnée, il s'est engagé au service de Dieu. Pendant plus d'une décennie, Foreman a été ministre du culte dans une petite église de Houston.

Ténacité ? Œuvre de Dieu ? Oui, dans une certaine mesure. Mais j'estime que ce qui s'est passé ce soir-là à Las Vegas – le soir où Foreman a perdu ce que beaucoup considéraient comme sa seule chance de reconquérir un titre – a donné le ton à un homme qui ne pouvait faire autrement que triompher. En refusant de rejeter la faute sur quelqu'un d'autre pour sa piètre performance

– même s'il avait pu avoir raison de le faire –, il a convaincu son âme et crié au monde entier que George Foreman n'était pas une victime. Quoi qu'il arrivât, il était maître de son destin et il n'allait montrer personne du doigt.

> Quand quelqu'un invoque des excuses pour expliquer sa piètre performance, demandez-lui ce qu'il entend faire de différent la prochaine fois.

George Foreman n'a pas voulu excuser sa piètre performance.

Face à une personne qui se plaint dans le but d'excuser sa piètre performance, sachez qu'il est inutile d'essayer de lui faire comprendre que c'est de sa faute. Inutile aussi de souligner les avantages qu'elle n'a pas obtenus. Ce qui est arrivé est arrivé, et on ne peut rien y changer. Ce qu'il y a de mieux à faire pour aider cette personne à concentrer son attention sur autre chose et à cesser de se plaindre consiste à lui demander ce qu'elle a l'intention de faire la prochaine fois qu'elle se trouvera dans la même situation.

« J'avais le soleil dans les yeux. »
« Qu'est-ce que tu peux faire la prochaine fois pour te préparer au cas où tu aurais de nouveau le soleil dans les yeux ? »

« L'air était sec, j'avais mal à la gorge et je n'ai pas pu chanter aussi bien que je l'aurais voulu. »
« Il t'arrivera parfois de chanter dans des endroits secs. Qu'est-ce que tu peux faire pour t'y préparer ? »

« Tu ne m'as pas réveillé. »
« Il se peut que j'oublie parfois. Que peux-tu faire pour t'assurer de te réveiller toi-même si j'oublie de le faire ? »

« Il n'avait pas préparé la pièce, alors je n'ai pas pu faire mon travail. »

« Si cela se produit de nouveau, que peux-tu faire pour t'assurer que ton travail se fera de toute façon ou, au moins, que ceux qui doivent être avertis le seront bel et bien ? »

Les gens se plaignent parce qu'ils **R**echerchent de l'attention, **O**ccultent leur responsabilité, **G**énèrent de l'envie, **N**ourrissent leur pouvoir sur les autres et **E**xcusent leur piètre performance. En écoutant les gens se plaindre, vous remarquerez que la même plainte est parfois émise pour plus d'une raison. Une personne peut se plaindre pour obtenir de l'attention ou pour se vanter. Ou bien pour obtenir du pouvoir et, simultanément, excuser sa piètre performance. En vous familiarisant avec les stratégies exposées dans le présent chapitre, vous vous préparerez à combiner vos réactions au besoin afin d'obtenir l'effet optimal. La combinaison adéquate de ces stratégies fera en sorte que ces personnes cesseront de vous faire entendre leurs lamentations.

Cette dernière suggestion – pour obtenir que les autres cessent de se plaindre – a été mille fois suivie avec beaucoup de succès : on parle de la création d'une Zone sans plaintes.

L'idée est simple. À l'arrière de notre programme pour enfants et de notre programme destiné aux organisations, que vous pouvez télécharger gratuitement sur notre site Web, www.AComplaintFreeWorld.org, vous trouverez une affiche semblable à celle de la page suivante.

Téléchargez notre affiche ou créez-en une à votre goût. Installez-la dans un endroit où les gens ont tendance à se rassembler : la salle de la pause café, votre cuisine, votre voiture, votre salon, votre espace de travail – partout où les gens se rencontrent et où vous avez entendu beaucoup de plaintes, de critiques ou de ragots. Vous n'avez pas besoin d'en faire l'annonce officielle et vous n'avez pas besoin de la permission des autres (vous ne la recevriez probablement pas) pour désigner une Zone sans plaintes. Faites-le, c'est tout.

PLAINTES

CETTE AIRE EST OFFICIELLEMENT DÉSIGNÉE COMME ZONE SANS PLAINTES.

SI VOUS SOUHAITEZ :

- VOUS PLAINDRE
- CRITIQUER LES AUTRES
- POTINER

ALLEZ LE FAIRE AILLEURS.

Ainsi, dès que quelqu'un commencera à se plaindre, vous pourrez conduire gentiment cette personne hors de la Zone.

Cette personne vous demandera ce qui se passe. Vous lui répondrez ceci : « Nous étions dans une Zone sans plaintes, et il m'a semblé que tu te plaignais. J'ai donc pensé à te guider hors de cette Zone, afin que tu puisses dire ce que tu veux. »

> Le meilleur moyen d'aider les autres à cesser de se plaindre consiste à les réorienter, plutôt qu'à les affronter.

C'est un moyen subtil, amusant et efficace de faire prendre conscience à quelqu'un de sa négativité et, dans la plupart des cas, cela suffit pour qu'il se plaigne moins. Rappelez-vous combien vous avez été troublé lorsque vous avez pris conscience de la fréquence de vos plaintes ; les autres auront probablement la même réaction devant leurs propres plaintes.

Le meilleur moyen d'aider les autres à cesser de se plaindre consiste à les réorienter, plutôt qu'à les affronter. Lorsque vous aurez appris à appliquer ces techniques en vous y exerçant avec persistance, vous constaterez que vous êtes en mesure de les faire adopter par les personnes qui se plaignent à vous. Avant de quitter le sujet, songez à aider toute votre ville à s'affranchir des plaintes. C'est beaucoup plus facile que vous le croyez. Demandez à votre conseil municipal ou au bureau du maire de déclarer «Jour sans plaintes» la veille de l'Action de grâce. Vous verrez comment le faire à l'Annexe A du présent ouvrage et vous trouverez à l'Annexe B un modèle de résolution et de communiqué de presse.

**Défense de se plaindre !
Amende de 100 $
par infraction.**

Browman

Privée de son mode d'expression préféré, Kathy est restée sans voix – pour le plus grand plaisir de ses collègues.

CHAPITRE 5
Se réveiller

L'Indien savait vivre sans besoins, souffrir
sans se plaindre, et mourir en chantant.
— ALEXIS DE TOCQUEVILLE

Un jeune moine s'est joint à une communauté qui imposait le silence total. À son gré, le père supérieur pouvait accorder à un moine la permission de parler. À peu près cinq ans après l'adhésion du novice, le supérieur lui a dit: « Vous pouvez maintenant dire deux mots. »

Choisissant avec soin ses deux mots, le moine a dit: « Lit dur. » Sur le ton d'une sincère sollicitude, le supérieur lui a répondu: « Je suis désolé que votre lit ne soit pas confortable. Nous allons essayer de vous en trouver un meilleur. »

Cinq ans plus tard, le supérieur s'est de nouveau adressé au moine: « Vous pouvez dire deux mots de plus. »

Après un instant de réflexion, le moine a gentiment dit: « Nourriture froide. »

« Nous allons voir ce que nous pouvons faire », lui a répondu le supérieur.

Au 15e anniversaire de l'entrée du moine au sein de l'ordre, le supérieur lui a permis une troisième fois de dire deux mots.

VOIX

Au cours d'un voyage, le mauvais temps avait frappé un certain nombre d'aéroports, ce qui avait causé l'annulation ou le retard d'une multitude de vols. J'avais déjà changé mon vol pour un autre, et j'attendais, assis non loin de la porte d'embarquement. J'observais la malheureuse représentante de la compagnie aérienne au comptoir. Elle se faisait bombarder par un certain nombre de voyageurs qui semblaient croire qu'elle était responsable du mauvais temps, des annulations de vols et de tout ce qui leur causait des ennuis. Chacun allait tour à tour lui exposer ses griefs, et je voyais bien qu'elle était à deux doigts de la crise de nerfs.

Soudain, une petite lumière s'est allumée dans ma tête. Comme je suis toujours mon instinct, je me suis levé et me suis joint à la filée de voyageurs qui souhaitaient lui faire part de leur mauvaise journée. J'ai attendu patiemment mon tour. Quand je me suis enfin trouvé au comptoir devant elle, elle m'a regardé l'air épuisé, le front plissé, et m'a demandé : « Est-ce que je peux faire quelque chose pour vous, Monsieur ? »

Je lui ai répondu : « Oui, vous le pouvez. » Je lui ai ensuite demandé d'avoir l'air de s'affairer pendant que je lui parlais. Je lui ai dit que j'avais fait la file dans le but de lui donner une petite pause de cinq minutes. Tandis qu'elle tapait sur son clavier (je ne sais trop quoi), je lui ai expliqué que, même si tous ces voyageurs étaient déterminés à gâcher sa journée, il devait y avoir d'autres personnes dans sa vie pour qui elle comptait, qui s'intéressaient à ses passions, qui donnaient même un sens à sa vie, et que cela était beaucoup plus important que ce qui lui arrivait ce jour-là à l'aéroport. Compte tenu du reste de son existence, ce qui se passait n'avait pas d'importance et ne devrait pas la stresser. Nous avons bavardé quelques minutes, pendant qu'elle faisait semblant d'être occupée.

> *Quand je l'ai vue reprendre son calme, je savais qu'elle devait se remettre au travail. Je lui ai souhaité de passer une bonne journée, en lui disant que le moment était venu de servir le prochain client. Elle m'a regardé ; j'ai vu ses yeux s'embuer. « Merci infiniment, m'a-t-elle dit, je ne sais pas comment vous remercier pour ce moment. »*
>
> *Je lui ai souri en lui disant que le meilleur moyen de me remercier était de faire rejaillir la même sollicitude sur quelqu'un d'autre lorsqu'elle en aurait l'occasion.*
>
> — Harry Tucker,
> New York, New York

« Je pars », a dit le moine.

« C'est probablement la meilleure chose à faire, a répondu le supérieur, en haussant les épaules, depuis que vous êtes arrivé vous n'avez fait que vous plaindre. »

Comme ce moine, vous n'avez probablement pas conscience du nombre de fois que vous vous plaignez, mais vous commencez à vous éveiller à la vérité sur vous-même.

Nous avons tous déjà eu une jambe ou un bras engourdi après avoir été assis ou couché trop longtemps dans une mauvaise position qui coupait la circulation sanguine. Quand nous changeons de position et que le sang recommence à irriguer le membre, nous ressentons un picotement. Parfois, ce picotement est désagréable, voire douloureux. Il en va de même lorsque vous vous éveillez à votre nature de plaignard. Si vous êtes comme la plupart des gens, cette prise de conscience de la fréquence de vos plaintes risque de vous causer un choc. Ne vous en faites pas. Continuez de faire passer votre bracelet d'un poignet à l'autre et persévérez. N'abandonnez pas.

Dans le chapitre 2, j'ai révélé avoir été un enfant obèse. Durant ma dernière année de secondaire, j'ai perdu une cinquantaine de kilos. Quand mes amis m'ont demandé quel régime j'avais suivi

pour obtenir de tels résultats, je leur ai répondu honnêtement :
« Celui que je n'ai pas abandonné. » Après avoir suivi des douzaines de régimes, je suis finalement resté fidèle à l'un d'eux et j'ai maigri.

> « Le succès est la capacité d'aller d'échec en échec sans perdre son enthousiasme. »
>
> — WINSTON CHURCHILL

De la même façon, restez fidèle à votre engagement de cesser de vous plaindre, même si la fréquence de vos plaintes vous étonne et vous gêne. Restez-le même quand vous vous sentez en droit de vous plaindre. Même quand vous avez envie de vous présenter comme une victime pour gagner la sympathie des autres. Plus important encore, restez fidèle à votre engagement même lorsque vous faites une rechute, après plusieurs jours passés sans vous plaindre. Même si vous vous plaignez au Jour 20, passez votre bracelet à l'autre poignet, et repartez à zéro. C'est tout ce qu'il faut, repartir à zéro, fois après fois – passer le bracelet à l'autre poignet. Winston Churchill a dit : « Le succès est la capacité d'aller d'échec en échec sans perdre son enthousiasme. »

La jonglerie est l'un de mes passe-temps. J'ai appris à jongler grâce à un livre qui se vendait avec quatre sachets carrés remplis d'écales de pacanes broyées. La forme et le contenu de ces sachets étaient conçus pour les empêcher de rouler partout sur le sol lorsqu'on les laisse tomber. Le message implicite de la conception était évidemment : vous allez *sûrement* les laisser tomber.

Pendant des années, je me suis « produit » aux fêtes organisées à l'école de ma fille, et ailleurs aussi, mais j'ai toujours refusé les invitations à jongler dans les concours d'amateurs. La jonglerie n'est pas une disposition naturelle, c'est une technique. On peut développer une disposition naturelle pour qu'elle s'exprime pleinement. Mais une technique, c'est quelque chose que la plupart des gens peuvent apprendre à la seule condition d'être disposés à y consacrer du temps.

Quand je jongle, j'entends souvent les gens dire : « Ah ! que j'aimerais faire cela. »

Je leur réponds toujours qu'ils le peuvent s'ils sont prêts à y mettre du temps.

« Non, rétorquent-ils, je n'ai pas la coordination voulue. » Ce commentaire les soulage de la responsabilité qui leur incombe de fournir l'effort nécessaire à maîtriser une technique que je considère comme étant à la portée de tout un chacun.

Lorsqu'ils entendent parler du défi des 21 jours sans plaintes, nombreux sont ceux qui disent la même chose : « J'aimerais bien le faire, mais j'en suis incapable. »

Balivernes ! On apprend à s'affranchir des plaintes comme on apprend à jongler. Il suffit de fournir l'effort nécessaire, un peu à la fois, et d'obtenir quelque chose d'étonnant, un peu comme la boule de peinture de Mike Carmichael.

J'ai appris à jongler à beaucoup de personnes ; je commence toujours par leur remettre l'un des sachets qui ne roulent pas et en leur disant de le laisser tomber sur le sol.

Je dis à mes élèves : « Maintenant, ramassez-le. » Ils le ramassent.

« Laissez-le tomber de nouveau. » Ils s'exécutent.

« Bien, maintenant ramassez-le. »

« Laissez-le tomber. »

« Ramassez-le. »

« Laissez-le tomber. »

« Ramassez-le. »

Nous répétons ce cycle de nombreuses fois, jusqu'à ce que quelqu'un commence à en avoir assez et me demande : « Qu'est-ce que cela a à voir avec l'apprentissage de la jonglerie ? »

« Tout, ma réponse est claire. Si vous voulez apprendre à jongler, vous devez être prêt à ramasser les balles que vous laisserez tomber des milliers de fois. Mais si vous persévérez, je vous assure que vous pourrez jongler. »

Continuez de ramasser les balles. Ramassez-les et recommencez, même quand vous vous sentez fatigué ou frustré. Ramassez-les quand les gens rient de vous. Ramassez-les quand il vous semble que vous avez jonglé moins longtemps que d'habitude avant de devoir ramasser les balles. Persévérez.

Chaque fois que j'ai appris à maîtriser un nouveau tour de jonglerie, j'ai dû recommencer à ramasser les balles que je laissais tomber. La première fois que j'ai essayé de jongler avec des bâtons, l'un d'eux a tournoyé dans les airs, et son manche de bois m'a percuté durement la clavicule. J'ai jeté les bâtons au fond d'un placard, en décidant que je ne pourrais jamais apprendre à jongler avec eux.

La personne qui jette son bracelet pourpre au fond d'un tiroir peut être certaine qu'elle ne cessera jamais de se plaindre. Mes bâtons accumulant la poussière dans le placard, il semblait évident que je n'apprendrais jamais à jongler avec eux. Un an plus tard, je les ai ressortis et dépoussiérés, et je me suis remis à l'œuvre.

En prenant soin d'éviter les manches durs quand ils tournoyaient dans ma direction, j'ai essayé de lancer trois bâtons dans les airs, mais en les laissant tomber d'innombrables fois. Cependant, j'ai persévéré ; c'est pourquoi aujourd'hui je peux jongler non seulement avec des bâtons, mais aussi avec des couteaux et des torches en feu.

Quiconque est disposé à ramasser mille fois les balles, les bâtons, les couteaux ou les torches peut apprendre à jongler. Quiconque est disposé à faire passer son bracelet d'un poignet à l'autre sans jamais se décourager peut s'affranchir des plaintes.

Vous pourrez vous demander si vos propos relèvent de la plainte ou d'une simple constatation des faits. Souvenez-vous que ce qui distingue la plainte du constat, c'est l'énergie dont vous imprégnez votre commentaire. Selon la psychologue Robin Kowalski, « un énoncé relève ou non de la plainte [...] selon que le locuteur éprouve ou non une insatisfaction interne ». Les mots choisis pour exprimer une plainte ou un constat peuvent être identiques ; ce qui les distingue, c'est le sens que vous leur donnez, l'énergie que vous y mettez. Au stade de l'Incompétence consciente, vous prenez conscience de ce que vous dites et, surtout, de l'énergie qui motive vos propos.

Rappelez-vous qu'aucun honneur n'échoit à la personne qui réussit le plus rapidement le défi des 21 jours sans plaintes. En fait, je suis plutôt sceptique lorsque des gens me disent qu'ils ont commencé à relever le défi une semaine plus tôt et qu'ils en sont déjà au Jour 7. Selon mon expérience, ces gens-là ne sont simplement pas conscients des moments où ils se plaignent. Ils portent le bracelet, mais ils en sont restés au stade de l'Incompétence inconsciente.

À mon avis, ceux qui réalisent vraiment des progrès sont à l'image de cette femme qui a un jour écrit ceci sur notre page Facebook (www.facebook.com/AComplaintFreeWorld) : « J'ai reçu mes bracelets il y a une dizaine de minutes [...] j'ai déjà dû changer mon bracelet de poignet cinq fois. » Une heure plus tard, elle écrivait : « J'en suis maintenant à 10 fois ! »

Mon commentaire a été bref : « Persévérez ! Vous êtes sur la bonne voie. »

Devenir quelqu'un qui ne se plaint pas n'est pas une course, et cela ne nécessite pas de potion magique. C'est un processus de transformation. C'est se débarrasser de vieilles habitudes et adopter une toute nouvelle façon d'être. Il faut du temps pour arracher des habitudes bien enracinées.

> *« On ne se débarrasse pas d'une habitude en la flanquant par la fenêtre ; il faut lui faire descendre l'escalier marche par marche. »*
>
> — MARK TWAIN

Pour devenir quelqu'un qui ne se plaint pas, il faut cesser de pester contre ce qu'on ne peut pas changer. Au moment où j'écris ces mots, je suis assis à la gare de San Jose, en Californie. Mon train, qui devait partir d'ici à 9 h, n'est pas encore arrivé. Il est maintenant 10 h 30, et on m'informe que le départ est reporté à midi – donc un retard de trois heures. Selon la manière dont vous lisez les quelques phrases qui précèdent, vous pourriez penser que je me plains.

Cependant, moi je sais l'énergie que je consacre à la situation. Je suis assis dehors, sur un banc, profitant d'un matin de printemps. Je sirote une tasse de thé à la cannelle en tapant sur mon portable une histoire qui me passionne. Je suis heureux. Je suis content de vivre ce beau matin. Le départ retardé de mon train est pour moi un cadeau qui me laisse plus de temps pour écrire. Je peux faire ce que j'aime dans un environnement magnifique.

Et si je ne voulais pas attendre? Peut-être que je me plaindrais bruyamment au billettiste ou à tous ceux qui sont assis autour de moi, et que je pourrais ainsi faire partir le train plus tôt. Ça marcherait, non?

La réponse est évidente.

Pourtant, c'est ainsi que nous voyons les gens agir jour après jour. Le train arrivera quand il arrivera, et ce sera le temps parfait.

Un jour, un animateur radiophonique qui m'interviewait m'a lancé: «Mais je gagne ma vie en me plaignant – et on me paie grassement pour que je me plaigne.»

«D'accord, lui ai-je répondu, mais, sur une échelle de un à dix, dans quelle mesure êtes-vous heureux?»

Après une brève hésitation, il m'a demandé s'il existait un chiffre négatif.

Certes, les plaintes peuvent nous apporter des bienfaits, par exemple de la sympathie ou de l'attention – elles peuvent même nous valoir de bonnes cotes d'écoute –, mais le bonheur n'en fait pas partie.

Vous méritez d'être heureux, de posséder des biens matériels, de jouir des amitiés et relations qui comblent votre cœur et satisfont vos désirs. Vous méritez d'être en bonne santé et de mener une carrière que vous aimez. Rappelez-vous ceci: tout ce que vous désirez, vous le méritez.

Arrêtez d'inventer des excuses et commencez à vous diriger vers vos rêves. Si vous dites des choses comme «les hommes ont peur de s'engager», «tous les membres de ma famille sont obèses», «je manque de coordination» ou «mon conseiller péda-gogique m'a dit que je n'arriverais jamais à rien dans la vie», vous faites de vous-même une victime. Une victime ne remporte jamais la victoire. À vous de choisir qui vous voulez être.

Quand je pense aux plaintes, je me rappelle les billets de la mère d'Epstein. Vous souvenez-vous de *Welcome Back, Kotter*, la télésérie «scolaire» des années 1970 ? L'un des élèves, Juan Epstein, présentait souvent à l'école des billets pour s'éviter des activités auxquelles il ne voulait pas participer. Les billets disaient par exemple : «Epstein ne peut pas subir l'examen aujourd'hui, parce qu'il a travaillé toute la nuit à découvrir le remède contre le cancer. Signé, la mère d'Epstein.» Bien entendu, l'adolescent rédigeait ces billets lui-même. Nous nous plaignons pour éviter de prendre des risques et de faire ce que nous ne vou-lons pas faire. Les plaintes peuvent sembler légitimes, mais ce ne sont que des prétextes déguisés et, comme dans la télésérie, nous les bâtissons nous-mêmes de toutes pièces.

Bien sûr, je comprends que vous ayez pu subir des épreuves malheureuses ou douloureuses. Nous sommes nombreux dans ce cas. Vous pouvez répéter l'histoire de vos épreuves toute votre vie, avoir raison à propos de ce qui vous est arrivé, et laisser cela devenir un prétexte qui limite toutes les dimensions de votre vie. Ou bien vous pouvez vous rappeler le fonctionnement d'un lance-pierre.

Qu'est-ce qui détermine la distance que parcourra la pierre lancée ? Réponse : la distance sur laquelle vous avez tiré l'élas-tique. Si vous étudiez la vie des gens qui ont réussi, vous décou-vrirez qu'ils ont réussi non pas malgré les obstacles, mais souvent grâce à ceux-ci. Ils ont cessé de répéter à tout le monde à quel point on leur a fait du tort et ils ont commencé à chercher des moyens de transformer le fumier de leur vie en un engrais qui fertiliserait leur croissance et leur réussite. L'élastique de leur lance-pierre a été tiré au maximum, mais c'est ce qui leur a permis de s'envoler encore plus haut.

Freida Nicholson Woodroof est née en 1928 dans la petite maison de ferme de ses parents, dans le comté de Sedgwick, au Kansas.

Devenue femme, elle était menue, certes ; elle mesurait 1 m 52, mais ses proportions étaient exquises, et elle était d'une beauté exceptionnelle. Dès sa jeunesse, les hommes de tous âges lui ont accordé beaucoup d'attention. « Les hommes ne me laissaient jamais tranquille, dit-elle aujourd'hui d'un ton enjoué. Mais, vous savez, j'aimais beaucoup être l'objet de toute cette attention. »

Le 27 août 1966, Freida roulait dans sa Chevrolet modèle 1963 sur une grande route du comté. Un front exceptionnellement froid pour la saison avait fait baisser le thermomètre à 22 °C dans cette région du Midwest où d'habitude on étouffe de chaleur l'été. Freida avait passé la matinée à aider le personnel à repeindre la garderie. Le vent qui soufflait par la vitre baissée de sa voiture séchait les gouttes de peinture répandues sur ses mains. Freida se sentait satisfaite, légère, aussi libre que les nuages qui flottaient au-dessus d'elle dans le vaste ciel du Missouri.

L'après-midi lui appartenait. Elle se demandait si elle allait rentrer chez elle pour attendre l'appel téléphonique de sa fille, qui avait épousé un soldat le matin même à Camp Lejeune, en Caroline du Nord. N'allait-elle pas plutôt faire un crochet jusqu'à la maison de son amie Ada, pour prendre un café et partager son bonheur d'avoir marié sa fille ? Freida a choisi d'aller chez elle attendre l'appel de sa fille, se disant qu'elle pourrait toujours aller rendre visite à Ada après l'appel, qu'elle en aurait ainsi plus long à lui raconter.

Arrivée presque à la hauteur de l'église méthodiste Arley, Freida a vu quelque chose qu'elle a mis un petit temps à identifier. Dans la courbe à venir, un jeune homme au volant d'une grosse voiture rouge roulait à tombeau ouvert. Pendant une seconde, les pensées se sont bousculées dans la tête de Freida : « Qu'est-ce qui se passe ? Il va bien se rendre compte qu'il roule dans la mauvaise voie. Ah ! non ! »

Freida a donné un vif coup de volant à droite. Sa voiture est entrée dans un fossé profond et étroit, au moment où la croisaient la voiture rouge et son conducteur inconscient de ce qui se passait. Appuyant de toutes ses forces sur la pédale de frein, elle a braqué à gauche en même temps pour essayer de remonter sur la chaussée. À cause du freinage soudain et du braquage à gauche, sa voiture s'est renversée et a fait de nombreux tonneaux.

En 1963, peu de véhicules étaient équipés de ceintures de sécurité, et encore moins d'automobilistes prenaient la peine de les boucler. Le temps s'est arrêté. Freida s'est rapidement glissée sur le côté passager de la banquette, de crainte d'être empalée par la colonne du volant. Comme une bête blessée et enragée, la Chevrolet d'une tonne a rebondi et fait des tonneaux.

Le volant que Freida avait si lestement évité a transpercé le dossier de la banquette à l'endroit qu'elle avait occupé une seconde auparavant.

La tête de Freida a heurté le pare-brise une fois, deux fois, trois fois; ébranlée, elle n'a cependant pas perdu connaissance.

Des secondes qui lui ont paru des heures ont passé, et la voiture a fini par s'immobiliser. Le corps délicat de Freida, bousculé et brisé, a glissé par l'ouverture laissée par la vitre fracassée de la portière droite. Elle avait le haut du corps libre, mais ses hanches et ses jambes restaient prisonnières de l'épave. Le visage de Freida a frappé durement le sol jonché de verre brisé.

«Je ne suis pas morte», a-t-elle pensé malgré la confusion qui régnait dans sa tête. «Si je ne suis pas morte, ça va aller.»

Malheureusement, l'épave allait avoir un dernier soubresaut. En craquant monstrueusement, la Chevrolet démolie a lentement roulé une fois de plus sur le côté, puis s'est immobilisée sur la tête de Freida.

Pourtant, Freida est restée consciente.

Le poids de la ferraille a écrasé sur le sol le beau visage de Freida. Consciente et grièvement blessée, ce n'est pas à ses blessures qu'elle pensait. Toute son énergie servait à forcer son corps à respirer afin de rester en vie.

Ce qui restait de son nez était écrasé et bouché ; sa bouche était coincée et presque fermée, mais Freida forçait ses poumons à aspirer de l'air par une ouverture à peine plus large que la mine d'un crayon. Chacune de ses inspirations et expirations prenait près d'une minute. Son esprit était en état de panique.

« Il faut qu'on la tire de là, vite ! » a-t-elle entendu un homme crier, à ce qui lui a semblé être des kilomètres de distance.

« Cours chercher le tracteur des frères Rachle ! » a crié un autre.

Freida ne pensait pas un seul instant à son sauvetage ; elle essayait simplement de respirer.

Au bout de ce qui a été pour elle une éternité, Freida a commencé à sentir en plus d'entendre les vibrations du moteur diesel du tracteur qui s'approchait. Au moment où le levier hydraulique du tracteur a remis la voiture sur ses roues, le corps désarticulé de Freida est tombé au sol. Elle n'a pas ressenti de douleur, seulement la joie d'aspirer un premier bol d'air depuis l'accident.

Défigurée, l'œil bleu gauche, si beau, sorti de son orbite, Freida était effroyable à voir. En état de choc, mais toujours consciente, elle a vaguement entendu les commentaires des badauds rassemblés.

« Mon Dieu ! » s'est exclamé l'un.

« Elle qui était une si jolie femme ! » de dire un autre.

« Heureusement qu'elle s'est mariée et qu'elle a eu des enfants quand elle était jeune ! » a soudain observé un homme.

L'ambulance a dû parcourir 65 kilomètres pour arriver sur les lieux. Incapable de parler, le crâne et le visage défoncés, Freida, allongée dans le fossé, se demandait quand elle perdrait connaissance.

Elle est toujours restée consciente.

Elle est arrivée à l'hôpital des heures après l'accident. Vu sa blessure à la tête, les médecins lui ont refusé tout analgésique pendant 24 heures qui se sont révélées intolérables. Une infirmière pleine de compassion est restée aux côtés de Freida et lui a tenu la main. Freida avait l'impression qu'un incendie ravageait tout son corps. Elle aurait crié à fendre l'âme si la structure de son visage le lui avait permis. Elle serrait la main de l'infirmière, qui lui parlait doucement et l'encourageait à tenir bon.

Après les 24 premières heures, Freida a pu recevoir des analgésiques ; elle a dormi très longtemps. À son réveil, elle a senti les larmes de ses enfants goutter doucement sur sa main.

Quand les morceaux de son visage ont pu être recousus au fil métallique, Freida a prononcé d'une voix rauque ses premiers mots depuis l'accident. « Je lui pardonne », a-t-elle murmuré avant de reperdre connaissance.

En tout, il a fallu 22 interventions chirurgicales pour reconstruire le visage de Freida. Elle a maintenant un petit sourire retenu à la Mona Lisa, qui lui donne un air joyeux et narquois qui ne semble en rien résulter d'un terrible accident de voiture. Son œil artificiel est identique à celui qui lui reste ; les deux brillent également.

Freida a célébré son 83e anniversaire de naissance la semaine dernière, et j'ai eu le plaisir de l'inviter à dîner pour l'occasion. À la voir répandre son énergie autour d'elle et réchauffer l'atmosphère, où qu'elle se trouve, on ne devinerait jamais qu'elle a atteint cet âge vénérable.

Ce qui aurait pu anéantir la vie de la plupart des gens n'a été qu'un dos-d'âne pour Freida.

« Je sais que vous avez pardonné au chauffard, lui ai-je dit, mais n'éprouvez-vous pas un certain ressentiment pour la manière dont l'accident vous a transformée ? »

Le sourire permanent de Freida s'est élargi. « Qui m'a transformée, dites-vous. L'accident ne m'a pas changée. Je suis encore la même personne. Je me suis toujours sentie belle à l'intérieur. »

Un demi-siècle après l'accident, Freida continue de vivre une vie bien remplie. Elle a monté une petite entreprise prospère, elle a élevé ses enfants et elle profite de la vie au maximum. Elle serait la première à vous dire que l'accident l'a peut-être aidée à mieux comprendre qui elle est vraiment, c'est-à-dire bien plus qu'une jolie femme parmi d'autres.

> *«La santé mentale se mesure à une disposition à trouver bien toute chose.»*
>
> — RALPH WALDO EMERSON

«Il me reste au moins 22 autres bonnes années à vivre, m'a-t-elle dit, et j'ai l'intention de les vivre pleinement.»

Quand un événement traumatique perturbe nos vies, un choix s'offre à nous : nous pouvons nous laisser abattre ou nous pouvons en tirer parti.

Ce peut être un feu qui nous consume ou un feu qui nous raffine.

Ce peut être un dernier acte tragique, ou un nouveau et joyeux commencement.

PARTIE 3
COMPÉTENCE CONSCIENTE

CHAPITRE 6

Le silence et la langue des plaintes

Nous sommes ce que nous faisons à répétition.
Ainsi, l'excellence n'est pas un acte, mais une habitude.
— ARISTOTE

L'hypersensibilité caractérise le stade de la Compétence consciente. Vous commencez à être conscient de tout ce que vous dites. Vous déplacez votre bracelet beaucoup moins souvent qu'avant, parce que vous surveillez vos propos. Vous utilisez un langage plus positif que jamais, parce que vous retenez certains propos avant qu'ils ne sortent de votre bouche. Votre bracelet pourpre, naguère un outil vous signalant que vous vous plaignez, est devenu une espèce de filtre par lequel vos mots passent avant d'être prononcés.

> *«Avant de parler, demandez-vous si ce que vous dites vaut mieux que le silence.»*
>
> — SWAMI KRIPALVANANDJI

VOIX

Après avoir reçu mon bracelet pourpre, j'étais déterminée à ne pas me plaindre, à ne rien critiquer et à ne potiner sur personne.

Au cours d'un déjeuner avec une amie, celle-ci a commencé à parler de choses « qui n'allaient pas ». Elle espérait que je me dirais d'accord avec elle, mais j'ai remonté la manche de mon chemisier, lui ai montré mon bracelet pourpre et lui ai parlé du défi que j'essayais de relever.

Elle m'a lancé: « Eh bien, de quoi va-t-on parler alors ? »

Après un moment d'embarras, j'ai répondu que je l'ignorais. J'ai commencé à lui dire à quel point je trouvais notre repas délicieux, et que les fleurs plantées de l'autre côté de la rue étaient magnifiques.

Je pense que moi aussi j'aurais été un peu contrariée si quelqu'un avait abordé les mêmes choses au beau milieu d'une conversation. Mais je trouve cette diversion de plus en plus facile à faire, qu'il s'agisse ou non d'amis ou de parents. Je me contente de changer de sujet ou d'alléger la conversation. (Ou bien je m'excuse, en prétendant que je dois aller aux toilettes.)

— Joan McClure,
Fort Bragg, Californie

Dans une famille ayant relevé le défi des 21 jours, le père m'a envoyé un courriel pour me dire que tous les membres de la famille avaient atteint en même temps le stade de la Compétence consciente. «Pendant environ une semaine, m'écrit-il, à l'heure du souper, nous nous regardions en chiens de faïence, en silence, tellement nous avions peur de parler.»

Les longs silences sont caractéristiques d'une personne qui a atteint le stade de la Compétence consciente. C'est comme si on respectait à la lettre le vieux conseil des mamans: si tu n'as rien de gentil à dire, tais-toi.

Autrefois, nos bracelets étaient personnalisés avec notre logo. Nous les achetions à un fabricant de gadgets qui les vendait en tant que bracelets d'esprit de corps ; le mot SPIRIT, signifiant *esprit*, y était gravé. Le bracelet servait à celui qui le portait à manifester sa solidarité avec les membres de son groupe. Par exemple, si la couleur de votre école était le vert, vous commandiez des bracelets verts.

Nous avons conservé pendant un certain temps le mot SPIRIT du côté opposé à celui de notre logo, parce que nous savions qu'il venait du latin *spiritus*, qui veut dire « souffle ». Au stade de la Compétence consciente, le mieux à faire, c'est d'inspirer profondément au lieu de parler sans réfléchir. Se plaindre est une habitude. Inspirer profondément revient à tourner sa langue sept fois dans sa bouche avant de parler. Ainsi, vous avez le temps de bien choisir vos mots. C'est pour rappeler à l'utilisateur d'inspirer profondément plutôt que de se plaindre que nous avions conservé le mot SPIRIT sur nos bracelets.

Nous avons fini par l'enlever de nos bracelets parce que beaucoup de gens interprétaient la présence de ce mot comme une invitation à davantage de spiritualité ou de religion. Un Monde sans plaintes est un mouvement de transformation humaine areligieux.

« *Souriez, respirez et allez lentement.* »

— THICH NHAT HANH

Spiritus : souffle – *spirare* : souffler, respirer. En présence de personnes qui se plaignent, lorsque vous ressentez vivement l'envie de faire comme eux, respirez. Lorsqu'une situation fâcheuse se produit et que l'occasion vous est donnée de décharger vos frustrations sur quelqu'un d'autre, respirez.

Inspirez, expirez et gardez le silence.

Le silence vous donne le temps de choisir de vous exprimer par le soi supérieur plutôt que par le soi humain. Le silence est un pont jeté vers l'Infini et, pourtant, c'est quelque chose d'inconfortable pour beaucoup. Je me souviens du temps passé à notre maison sur le lac, durant mon adolescence, des jours où je me rendais en canot sur une petite île située à moins de deux kilomètres de notre maison pour y faire du camping en solo. Le silence me donnait l'occasion de me remettre en harmonie avec moi-même.

> «Faites tout sans vous plaindre et sans discuter.»
>
> — PHILIPPIENS 2,14

Un après-midi que je pagayais vers l'île, j'ai entendu mon père qui m'appelait du rivage.

«Will!

— Oui, papa.

— Où t'en vas-tu?

— Camper, à l'île Counts.

— Tout seul?

— Oui, papa.»

Après une courte pause, il m'a demandé si je voulais emporter le téléviseur à pile. Je lui ai répondu: «Non, merci.» Après une pause, un peu plus longue cette fois, il m'a crié: «Un transistor?» J'ai de nouveau refusé en le remerciant.

Mon père est resté perplexe pendant un moment; il a haussé les épaules, s'est retourné et s'est dirigé vers la maison. J'aime mon père, mais ce n'est pas un homme de silence. Au pied de son lit, il a installé un téléviseur à écran géant qui continue à beugler même quand il dort.

Si vous êtes du genre qui aime prier, le stade de la Compétence consciente est le temps idéal pour que vous y multipliiez vos prières. Vous êtes arrivé au point où vous ne voulez plus changer votre bracelet de poignet. Alors, inspirez profondément; durant ce bref moment de silence, faites une petite prière avant de parler. Demandez qu'on vous aide à garder vos propos constructifs plutôt que destructifs. Et si aucun mot

> «L'insensé même, quand il se tait, passe pour sage; celui qui ferme ses lèvres est un homme intelligent.»
>
> — PROVERBES 17,28

ne vous vient, restez silencieux. Mieux vaut ne rien dire qu'être obligé de reprendre au Jour 1 le défi des 21 jours.

À l'époque où j'étais un jeune vendeur de publicité radio, j'ai travaillé avec un homme qui ne parlait pas souvent, presque jamais en fait. Après avoir appris à le connaître, je lui ai demandé pourquoi il assistait à nos réunions de travail sans dire un mot, tandis que les autres n'arrêtaient pas de parler. Il m'a dit: «Si je me tais, les gens supposent que je suis plus intelligent que je ne le suis en réalité.» Si vous ne dites rien, les gens vont au moins reconnaître que vous êtes sage. Lorsqu'on parle sans cesse, on ne donne pas l'impression d'être intelligent; on signale simplement qu'on n'est pas assez à l'aise avec soi-même pour laisser le silence régner, même un court instant.

L'un des signes les plus évidents indiquant qu'on a rencontré une personne que l'on aime, c'est le temps qu'on peut passer avec elle sans que ni l'un ni l'autre ne dise un mot. On se sent à l'aise avec cette personne et on aime sa compagnie; et le caquetage ne rendrait pas plus intéressant le temps passé avec elle; au contraire, il le déprécierait.

Le silence vous permet de réfléchir, de choisir vos mots avec soin et de parler de choses auxquelles vous souhaitez consacrer votre énergie créative, au lieu de laisser votre inconfort vous faire débiter toutes sortes de griefs.

Cette étape de la démarche destinée à nous affranchir des plaintes m'a été décrite de la façon suivante dans un courriel reçu d'une lieutenante-colonelle du Pentagone:

Bref compte rendu de nos progrès. Les 12 bracelets ont été distribués à mes collègues. Jusqu'à présent, l'une d'elles (qui a toujours été silencieuse et effacée) réussit très bien. Je crois qu'elle a déjà passé le cap des 10 jours sans plaintes!

Quant aux autres, cependant, nous trouvons le défi plus difficile que nous l'avions imaginé. Il nous a tout de même apporté quelque chose d'important: même quand nous nous plaignons, au moins nous en sommes conscientes, nous faisons une pause, nous changeons notre bracelet de poignet, et nous reformulons nos propos pour les rendre plus positifs. Je n'ai pas encore réussi à passer une journée entière sans me plaindre, mais je peux voir à quel point le défi est un outil de communication puissant pour la synergie dans un bureau. Nous sommes capables de rire de nous-mêmes quand nous nous plaignons et de nous mettre les unes les autres au défi de faire mieux. Je vous enverrai un autre compte rendu dès que quelqu'un atteindra son but. (Nous sommes toutes enthousiasmées à l'idée d'étendre le défi à d'autres membres du personnel ici au Pentagone; alors, nous ne relâchons pas nos efforts.) Passez une bonne journée!

— **CATHY HAVERSTOCK**

J'ai déjà dit que les mots que vous prononcez lorsque vous vous plaignez seront souvent les mêmes que ceux que vous employez quand vous ne vous plaignez pas. Ce qui détermine s'il s'agit ou non d'une plainte, c'est votre intention ainsi que l'énergie dont vous imprégnez vos propos. Commencez à remarquer la fréquence et le contexte dans lequel vous dites ceci :

- «Bien entendu!»
- «Et sais-tu quoi?»
- «C'est bien ma chance!»
- «Ça m'arrive toujours à moi!»

Quand une mésaventure vous arrive et que vous dites «Bien entendu!» ou «Et sais-tu quoi?», vous sous-entendez que vous vous attendez toujours aux tuiles. L'Univers répond à vos déclarations en vous lançant d'autres problèmes et difficultés. Le baromètre qui indique le mieux si vous êtes ou non une personne positive, c'est la manière dont vous utilisez l'expression «bien entendu».

Je me souviens de la première fois où j'ai décidé de surveiller attentivement ce que je disais, conscient que mes propos révélaient mes pensées, et que mes pensées créaient ma réalité. Pour récupérer quelques biens que j'avais fait entre-

> Le baromètre qui indique le mieux si vous êtes ou non une personne positive, c'est la manière dont vous utilisez l'expression «bien entendu».

poser, j'ai emprunté une camionnette F-150 qui avait une vingtaine d'années. À cause des centaines de milliers de kilomètres au compteur et d'un moteur d'origine qui devait consommer plus d'huile que d'essence, je devais m'arrêter à tout bout de champ pour ajouter de l'huile dans le carter. J'avais pris mes précautions, c'est-à-dire que j'en avais acheté quelques canettes.

Au moment d'entreprendre mon voyage d'environ 150 kilomètres, j'ai rempli le carter du moteur et j'ai fait monter mon chien, Gibson, dans la cabine de la camionnette pour qu'il me tienne compagnie.

J'ai eu besoin de plusieurs heures pour me rendre de chez moi, à Aynor, en Caroline du Sud, jusqu'à l'entrepôt de Manning, en Caroline du Sud aussi, pour ramasser mes caisses. Au retour, j'ai décidé de prendre un raccourci et j'ai emprunté une route de campagne en direction de Greeleyville, en Caroline du Sud. Ayant déjà vécu à Manning, je connaissais bien le chemin vers Greeleyville. En fait, je l'avais souvent parcouru à vélo le week-end pour faire de l'exercice, parce que c'est un trajet d'une quarantaine de kilomètres aller-retour avec très peu de circulation.

Je vérifiais méticuleusement la jauge d'huile et j'en ajoutais constamment. Mais, au coucher du soleil, le témoin d'anomalie du moteur s'est allumé. Comme j'avais l'habitude de le faire, j'ai eu envie de penser: «Oh, non! Me voilà dans de beaux draps!» Mais je me suis retenu. Je me suis souvenu de mon engagement à surveiller mes pensées et à les maîtriser.

Je me suis tourné vers Gibson, qui somnolait sur la banquette près de moi, et je lui ai dit : « Ça va très bien aller. » En mon for intérieur, je me suis dit que j'étais un peu fou. Pas parce que je parlais à un chien, mais pour avoir pensé que je pourrais rentrer chez moi dans ce vieux tacot en empruntant des chemins de campagne déserts. Oui, je connaissais bien ce trajet, et je savais qu'une douzaine de maisons seulement étaient éparpillées sur sa vingtaine de kilomètres ; et je n'avais pas de téléphone portable.

Ma camionnette a continué de rouler sur environ deux kilomètres, en crachotant et en hésitant, avant que le moteur tombe en panne. Les dents serrées, j'ai marmonné que tout allait bien aller, en tentant de m'en convaincre moi-même. La camionnette a commencé à ralentir avant de s'immobiliser juste en face d'une maison.

« Bien entendu ! » ai-je lancé à Gibson et à moi-même, en célébrant le moment, mais en restant surpris d'avoir eu une telle chance. « Les habitants sont peut-être à la maison et me laisseront peut-être utiliser leur téléphone. » J'ai pensé que je pourrais téléphoner à quelqu'un qui viendrait nous chercher, et que je laisserais la camionnette sur le bord de la route en attendant de la faire réparer.

Me souvenant alors de tout ce que contenait la camionnette, j'ai dit à voix haute : « Non. Je préfère pouvoir rentrer chez moi ce soir et ne pas laisser mes caisses sur le bord de la route. J'ignore si ça va marcher, mais je vais croire que oui. Je me vois garer la camionnette dans mon entrée ce soir, avec tous mes biens dedans. »

Rappelez-vous que ce n'était pas ma manière typique de penser. À cette époque, je serais normalement descendu de la camionnette et j'aurais probablement fait quelque chose de très utile, par exemple lancé des jurons ou donné des coups de pied dans les pneus. J'ai plutôt fermé les yeux et je nous ai visualisés, Gibson et moi, en train de garer la camionnette chez moi. Dans mon image mentale, c'était le soir – comme ce l'était vraiment – et je portais les mêmes vêtements que dans la réalité. J'ai pris le temps de m'asseoir un instant pour bien absorber cette image, avant de me diriger vers la maison et de sonner.

Quand j'ai entendu quelqu'un bouger dans la maison, j'ai souri et je me suis de nouveau dit: «Bien entendu!» Je me suis senti reconnaissant que les habitants de cette maison, la seule que je pouvais voir à des kilomètres à la ronde, étaient chez eux au moment où mon véhicule avait rendu l'âme. Un homme a ouvert; nous nous sommes présentés. Quand je lui ai expliqué que j'étais en panne et que je lui ai demandé d'utiliser son téléphone, il a regardé par-dessus mon épaule dans l'obscurité et m'a demandé: «Quel type de camionnette conduisez-vous?»

«Ford», ai-je répondu.

Il a souri: «Je suis le directeur de l'entretien du concessionnaire de camionnettes Ford. Laissez-moi prendre mes outils et jeter un coup d'œil à votre véhicule.»

«Bien entendu!» ai-je répété, tandis qu'il allait chercher son coffre à outils. L'émerveillement me grisait. Non seulement ma camionnette était tombée en panne devant une maison sur un chemin désert, mais l'homme qui y habitait assumait dans un rayon d'une centaine de kilomètres la responsabilité de toutes les réparations des camionnettes de la marque que je conduisais!

Ouah!

Pendant une quinzaine de minutes, je l'ai éclairé avec une lampe de poche pendant qu'il farfouillait sous le capot. Il s'est finalement retourné pour me dire que le système de carburant était défectueux: «Il

> «*Crois comme croit l'enfant, et la magie opérera.*»
>
> — TERESA LANGDON

faut remplacer une petite pièce. Elle ne coûte que quelques dollars, mais malheureusement je n'en ai pas ici.»

«C'est un problème de plomberie que vous avez, a-t-il poursuivi, pas un problème de mécanique.»

« D'accord, lui ai-je dit en haussant les épaules, peut-être que je peux simplement utiliser votre téléphone ? »

« Bon, a-t-il ajouté, vous avez un problème de plomberie, et il se fait que mon père est plombier au Kentucky et qu'il est ici en visite. Je vais aller le chercher. »

Tandis que l'homme rentrait dans la maison pour chercher son père, j'ai caressé le cou de Gibson et, le visage fendu d'un large sourire, je lui ai dit : « Bien entendu ! »

Quelques minutes plus tard, le père de l'homme avait posé son diagnostic : « Vous avez besoin d'un bout de tuyau d'environ huit centimètres de long et de six millimètres de diamètre. »

« Comme celui-là ? » lui a demandé son fils, en tirant de son propre coffre d'outils un bout de tuyau de ces mêmes dimensions.

« Oui, c'est ça, a dit le père. Où l'as-tu trouvé ? »

« Je ne sais pas d'où il vient, a-t-il répondu. Je l'ai trouvé sur mon établi il y a un mois et je l'ai jeté dans mon coffre au cas où j'en aurais un jour besoin. »

Bien entendu !

Cinq minutes plus tard, Gibson et moi reprenions la route. « Quelle expérience nous avons vécue ! » lui ai-je lancé. Gibson était tout excité, la tête sortie par la fenêtre de la portière.

Cela *avait* marché. Nous allions rentrer. Je garerais la camionnette dans mon entrée le soir même, avec toutes mes caisses.

C'est à ce moment précis que le témoin d'huile s'est allumé sur le tableau de bord. Pendant que nous étions restés devant la maison de l'homme, l'huile avait eu le temps de fuir, et son niveau avait dangereusement baissé. Avant de quitter l'entrepôt, j'avais utilisé la dernière canette de ma réserve d'huile.

Comme je ne voyais aucune maison à l'horizon, j'ai commencé à m'inquiéter, mais je me suis ressaisi en disant à voix haute : « Cela a marché une fois, cela peut marcher de nouveau ! » En conduisant, j'ai encore une fois fait apparaître dans ma tête l'image de la camionnette qui se garait dans mon entrée le soir même.

En arrivant aux abords de Greeleyville, je me suis arrêté à ce qui était alors la seule station-service de la ville. Le propriétaire était en train de verrouiller la porte pour la nuit.

«Que puis-je pour vous? m'a-t-il demandé.

— J'ai besoin d'huile.»

En rallumant les lampes de la station-service, il m'a invité à prendre ce dont j'avais besoin. Devant les étalages des canettes d'huile, j'ai fouillé dans mes poches et en ai sorti tout l'argent que j'avais sur moi. Au rythme auquel la camionnette perdait son huile, j'aurais probablement besoin de quatre canettes rien que pour me rendre à la maison. Je me suis rendu compte que je n'avais que 4,56 $ sur moi. J'ai pris deux canettes – c'est tout ce que je pouvais payer – que j'ai déposées sur le comptoir.

«Avez-vous vu l'autre marque? m'a demandé le propriétaire.

— Non.»

Il s'est dirigé vers les étalages. Je l'ai suivi. En me montrant des canettes d'huile, il m'a dit que c'était une aussi bonne marque que celle que j'avais choisie. Mais comme il allait cesser de vendre cette marque, il venait le jour même de la mettre en solde à moitié prix. J'exultais, mais je ne voulais pas avoir l'air de perdre l'esprit. J'ai ramassé quatre canettes et j'ai rapidement marché jusqu'au comptoir. À 23 h 17 ce soir-là, Gibson et moi arrivions sains et saufs chez moi.

Comment tout cela avait-il pu se produire? Quelle conjuration céleste avait été à l'œuvre? Quelle réorganisation des possibilités et des probabilités avait facilité ce miracle? Franchement, comment cela avait-il marché?

Voici la réponse à cette question : «Ça n'a pas d'importance.» C'est arrivé, et cela arrivera chaque fois qu'on aura le courage d'y croire. L'avenir n'est pas déterminé à l'avance, et se plaindre de sa situation actuelle ne fait que la perpétuer.

> *«Il ne croit pas, celui qui ne vit pas selon ce qu'il croit.»*
>
> — THOMAS FULLER

On me demande souvent : « Mais enfin, est-ce qu'il ne faut pas se plaindre pour obtenir ce que l'on veut ? » Le meilleur moyen d'obtenir ce que vous voulez, c'est de dire ce que vous voulez au lieu de vous plaindre de la situation.

Il y a quelque temps, mon téléphone portable a sonné ; l'afficheur indiquait « appelant inconnu ». Étant occupé, je n'ai pas répondu. L'appelant n'a pas laissé de message. Une heure plus tard, je recevais un appel du même numéro, affiché comme étant un appelant inconnu. J'ai de nouveau ignoré l'appel. Bientôt, j'ai reçu un autre appel, puis un autre, et un autre encore. Au fil de la journée, l'appelant inconnu me téléphonait à peu près une fois l'heure. Je n'ai pas répondu à ces appels, et l'appelant n'a pas laissé de message.

Plus tard ce soir-là, irrité par ces appels incessants, j'ai finalement répondu. C'était un message enregistré de mon fournisseur de service sans fil : « Ceci est un message important destiné à Mary Johnson [nom fictif]. Si vous êtes cette personne, appuyez sur le 1. Si vous n'êtes pas cette personne, appuyez sur le 3. »

Heureux d'enfin savoir quelle était la nature de ces appels, et pour les faire cesser, j'ai appuyé sur la touche 3 de mon téléphone.

Les appels ont toutefois continué. Quinze minutes plus tard, j'écoutais le même message enregistré. J'ai de nouveau fait le 3 pour informer la compagnie de téléphone que je n'étais pas la personne recherchée, en espérant que l'erreur serait corrigée et que les appels cesseraient.

Les appels n'ont pas cessé. Chaque fois que je répondais, j'entendais le même message informatisé. J'appuyais sur le 3 chaque fois, mais rien n'y faisait.

Tout le monde commet des erreurs. Je sais que j'en commets. Les entreprises ne sont que de grands groupes de personnes qui font de leur mieux. Au bout de quelques jours de ces appels horaires, j'ai téléphoné au service à la clientèle de mon fournisseur pour lui expliquer la situation, et le représentant m'a promis que ces appels cesseraient. Les appels n'ont pas cessé.

Avant d'avoir relevé le défi des 21 jours sans plaintes, j'aurais probablement téléphoné de nouveau au service à la clientèle, demandé à parler à un superviseur, et lui aurais fait passer un mauvais quart d'heure. En plus, j'aurais sans doute raconté à tout le monde cette histoire, cette terrible injustice qui m'avait grandement dérangé.

Au lieu de cela, j'ai téléphoné à nouveau au service à la clientèle et parlé à un autre représentant. « Je sais que tout le monde peut commettre des erreurs et que ce n'est pas de votre faute, lui ai-je dit. Je tiens absolument à ne plus recevoir ces appels de votre entreprise et je voudrais qu'on travaille ensemble à trouver ce qui ne va pas et à régler cette situation. » En moins de 10 minutes, le représentant avait trouvé la source du problème (l'entreprise avait saisi dans sa base de données mon numéro de téléphone comme étant celui de cette femme); les appels ont enfin cessé.

J'ai pu obtenir le résultat voulu sans faire monter ma pression artérielle ni me mettre en colère. Je n'ai pas cherché à engager mes amis, collègues ou parents dans ce problème en m'en plaignant à eux. J'ai plutôt choisi d'entrer en contact avec quelqu'un qui pouvait m'aider, je lui ai expliqué ce que je voulais et je suis resté dans cette disposition jusqu'à obtenir satisfaction.

Le chemin le plus court vers la réalisation de ce que vous souhaitez n'est pas de parler du problème ni de concentrer votre attention sur celui-ci. Dirigez votre regard au-delà du problème. Parlez exclusivement de ce que vous voulez obtenir et seulement à une personne susceptible de résoudre le problème. Vous obtiendrez plus rapidement ce que vous voulez, et vous serez plus heureux durant la démarche.

« Mais tout ce qui est arrivé de bon dans le passé a commencé par des gens qui se plaignaient [...] Pensez à Thomas Jefferson et à Martin Luther King ! » ai-je lu dans un courriel qui m'était adressé.

J'ai compris que, sur un plan, je suis d'accord avec l'auteure de ce courriel : la première étape vers le progrès est celle de l'insatisfaction. Mais si nous en restons au stade de l'insatisfaction, nous ne nous approcherons jamais des horizons souhaités. Et le bateau de ceux qui ont pris l'habitude de se plaindre reviendra immanquablement au port malheureux qu'ils ont voulu quitter. Nous devons concentrer notre attention sur ce que nous voulons voir se produire, pas sur ce que nous voulons empêcher de se produire. Quand nous nous plaignons, toute notre volonté se braque sur ce que nous voulons éviter.

Jefferson et King ont tous deux exprimé l'insatisfaction de leur peuple à l'égard de la situation qui régnait dans leur pays à leur époque, mais ils ne se sont pas arrêtés là. Ils ont décrit ce que pourrait être la situation. Leur insatisfaction les a poussés à imaginer ce qu'elle serait une fois réglés les problèmes les plus pressants. Leur passion pour ces visions a incité d'autres citoyens à les suivre. Leur acharnement à imaginer un avenir heureux a fait battre le cœur de leur nation. Ils ont appliqué concrètement les paroles d'un autre grand Américain, Robert Kennedy : « Certains voient les choses telles qu'elles sont et se demandent pourquoi elles sont ainsi. Je vois des choses qui n'ont jamais existé et je me dis : pourquoi pas ? »

Ceux qui se plaignent se demandent : « Pourquoi ? »

Ceux qui se sont affranchis des plaintes se demandent : « Pourquoi pas ? »

Le 28 août 1963, plus de 200 000 Américains marchaient sur Washington pour réclamer l'égalité des droits. Au cours de cet événement historique, Martin Luther King s'est tenu droit sur les marches du monument à Lincoln, ses paroles envoûtant la foule rassemblée. King a mis le doigt sur le problème. Il a dit : « L'Amérique a délivré au peuple noir un chèque sans valeur, un chèque qui est revenu avec

> « Certains voient les choses telles qu'elles sont et se demandent pourquoi elles sont ainsi. Je vois des choses qui n'ont jamais existé et je me dis : pourquoi pas ? »
>
> — ROBERT KENNEDY

la mention "provision insuffisante". » Mais il n'a pas laissé la foule se figer dans l'expression de son insatisfaction. Il lui a plutôt inspiré l'espoir, en lui montrant sa vision d'un monde à venir.

King a déclaré : « Je fais un rêve ! » Il a ensuite prononcé ce que beaucoup de rhétoriciens américains ont qualifié de « plus grand discours du XXe siècle ». King a échafaudé dans l'esprit de ses auditeurs un monde exempt de racisme. Il a dit qu'il avait été « au sommet de la montagne », et ses propos nous y ont entraînés avec lui. King a projeté son regard au-delà du problème à régler, jusqu'à trouver la solution recherchée.

Dans la *Déclaration d'indépendance* des États-Unis, Thomas Jefferson a établi clairement les défis auxquels faisaient face les colonies sous la houlette de l'Empire britannique. Cependant, ce document est autre chose qu'une litanie de plaintes. Si cela avait été le cas, il n'aurait pas enflammé l'imagination du monde et unifié les colonies.

Le premier paragraphe de cette *Déclaration d'indépendance* se lit comme suit :

> *Lorsque dans le cours des événements humains, il devient nécessaire pour un peuple de dissoudre les liens politiques qui l'ont attaché à un autre et de prendre, parmi les puissances de la Terre, la place séparée et égale à laquelle les lois de la nature et du Dieu de la nature lui donnent droit, le respect dû à l'opinion de l'humanité oblige à déclarer les causes qui le déterminent à la séparation [...]*

Imaginez pendant un instant que vous êtes citoyen de l'une des 13 colonies et que vous lisez ces mots : « *la place séparée et égale à laquelle les lois de la nature et du Dieu de la nature lui donnent droit* ». À l'époque où Jefferson a écrit cela, l'Angleterre était la première superpuissance de la planète, et Jefferson a déclaré sans hyperbole que ce petit groupe de colonies diverses avait droit à une place « égale » à celle du géant militaire et politique.

Imaginez l'étonnement collectif que ces propos ont suscité chez les colons, étonnement suivi d'une explosion de fierté et d'optimisme. Comment ont-ils pu aspirer à un idéal aussi élevé que l'égalité avec l'Angleterre? Parce que «les lois de la nature et du Dieu de la nature [leur en donnaient] le droit».

Ce n'était pas une plainte, c'était une vision fascinante d'un bel avenir lumineux. C'était projeter son regard au-delà du problème à régler, jusqu'à trouver la solution recherchée.

Je rêve de voir de tels visionnaires se manifester aujourd'hui. Pendant la plus grande partie de ma vie, j'ai entendu parler des «négociations de paix» pour le Proche-Orient. De ce que j'ai lu sur l'objet de ces «pourparlers de paix», j'observe que ceux-ci ressemblent davantage à des «pourparlers de guerre» ou à des pourparlers du genre «si vous arrêtez de faire ceci, nous allons arrêter de faire cela». Combien de présidents américains ont rassemblé les dirigeants du Proche-Orient et tenté de les convaincre d'aplanir leurs différends! Comme ces pourparlers portent toujours sur des «différends», les progrès réalisés ont été et continuent d'être minimaux.

> «On ne peut à la fois prévenir la guerre et s'y préparer.»
>
> — ALBERT EINSTEIN

Qu'arriverait-il si, à ces pourparlers, des dirigeants de divers pays se rassemblaient pour parler de ce que serait la vie si la paix régnait dans la région? Qu'arriverait-il s'ils se réunissaient pour échafauder le rêve collectif d'une cohabitation pacifique et d'une compréhension mutuelle?

Si ces vrais «pourparlers de paix» se produisaient, les règles seraient simples. Au lieu de parler de la situation présente ou passée, on parlerait exclusivement de ce que serait la situation lorsqu'il n'y aurait plus de récriminations entre ces pays. Les participants pourraient se demander: «À quoi ressemblera la paix entre nos pays? Comment nous sentirons-nous lorsque la guerre et la mésentente entre nous seront devenues des souvenirs si lointains que nous devrons consulter des livres d'histoire pour nous les rappeler ? »

Les pourparlers porteraient exclusivement sur le résultat souhaité : la paix. C'est tout. Un mot à ne jamais prononcer : comment. Les participants se seraient entendus dès le départ pour ne jamais poser cette question : « Comment allons-nous y arriver ? » Dès que les deux parties essaieraient de découvrir la voie vers une coexistence harmonieuse, les questions de frontières géographiques, de désarmement, de différences culturelles ou religieuses, de perspectives opposées sur ceci ou sur cela réintroduiraient au centre des pourparlers les désaccords actuels.

À ce stade de Compétence consciente de votre transformation, vous pouvez utiliser les expressions du genre « Bien entendu ! », « Et sais-tu quoi ? », « C'est bien ma chance ! », « Ça m'arrive toujours à moi ! », mais seulement lorsque ce qui vous arrive est quelque chose que vous considérez comme positif.

Faites-en des exclamations de joie et de reconnaissance lorsque les choses vont bien pour vous, et vous constaterez que les occasions de vous exclamer seront de plus en plus fréquentes.

J'ai un ami à Seattle qui se voit comme l'homme le plus chanceux du monde. Il a une femme et une famille merveilleuses, et une entreprise rentable en pleine croissance ; à 30 ans, il était déjà multimillionnaire et il a une santé de fer. En vous fondant sur ce que je viens d'écrire, vous conviendrez sûrement qu'il a beaucoup de chance, mais cette conclusion passe à côté de l'essentiel. Cet homme mène une belle vie et en profite parce qu'il *croit* qu'il a de la chance. Tous les matins, il se lève en cherchant d'autres illustrations de sa chance, et chaque jour la fortune lui sourit.

> *« Le plus important à retenir, c'est qu'il faut être prêt à tout moment à renoncer à qui l'on est pour être qui l'on pourrait devenir. »*
>
> — W. E. B. DU BOIS
> webdubois.org

À votre tour d'essayer maintenant. Quand quelque chose va bien pour vous, même quelque chose d'insignifiant, dites : « Bien entendu ! »

Les mots que nous utilisons ont un effet puissant. En changeant nos propos, nous commençons à changer nos vies. Il y a environ un an, je roulais sur la voie de gauche d'une autoroute. Il y avait devant moi une fourgonnette qui roulait à 15 km/h de moins que la limite permise. Dans ma tête, je commençais à fulminer : « Si tu veux rouler plus lentement que la limite, reste dans la voie de droite et laisse les autres te dépasser ! »

Quelques jours plus tard, je me suis trouvé de nouveau sur la voie de gauche d'une autoroute, derrière un véhicule qui roulait beaucoup plus lentement que la limite de vitesse permise. C'était une autre fourgonnette.

Les semaines suivantes, la situation s'est répétée : conducteur lent + voie de gauche = fourgonnette. C'était devenu une bête noire pour moi, et j'en parlais à mes amis et aux membres de ma famille. J'ai pensé que ce n'était qu'une fine observation de ma part : les conducteurs de fourgonnettes roulent lentement dans la voie de dépassement. Toutefois, j'ai remarqué que plus j'en parlais souvent, plus cela se produisait souvent.

J'ai fini par me demander si le fait de croire que les « conducteurs de fourgonnettes sont impolis et nuisent à la circulation des autres » n'était pas la cause de mes expériences répétées.

Rien n'a plus de pouvoir que vos croyances. On définit une croyance comme étant le fait de croire en la vérité ou en la réalité de quelque chose. Par conséquent, une croyance est une position mentale absolue, mais arbitraire. Les croyances définissent la réalité, et on peut en changer.

> Une croyance est une position mentale absolue, mais arbitraire.

En cherchant un moyen de recadrer mes observations à propos des fourgonnettes, j'ai pensé aux courses de stock-cars de la NASCAR. Quand il y a une collision ou un autre pépin durant la course, une voiture pilote monte sur la piste pour ralentir tous les coureurs; une fois le danger écarté, elle quitte la piste.

Je me suis dit que les fourgonnettes étaient peut-être les voitures pilotes des autoroutes, qu'elles existaient pour me faire ralentir afin que je n'aie pas de contravention, voire que j'évite un accident.

C'était une histoire tirée par les cheveux, et je doutais qu'adopter cette croyance puisse changer quoi que ce fût. Mais si cela pouvait atténuer mon stress lorsque je me voyais coincé derrière une fourgonnette, c'était déjà un point positif.

Lorsque je me suis trouvé de nouveau derrière une fourgonnette lente, j'ai commencé à remercier le ciel que la voiture pilote soit arrivée. « Attention, me suis-je dit, il y a une voiture pilote devant. Mieux vaut ralentir. » J'ai fini par prendre l'habitude de considérer les fourgonnettes comme des voitures pilotes, et commencé à oublier leur autre image.

Fait intéressant, quand j'ai changé d'idée à propos des fourgonnettes et commencé à les considérer comme des voitures pilotes qui me ralentissaient pour de bonnes raisons, j'ai constaté que je me trouvais de moins en moins souvent coincé derrière l'une d'elles. Aujourd'hui, il m'arrive très rarement d'être ralenti par une fourgonnette; mais si je le suis, je m'en montre reconnaissant. Cela ne change rien à la circulation, mais ça modifie mon attitude, source de la discorde.

En changeant d'idée au sujet des fourgonnettes et en faisant d'elles des voitures pilotes, je les ai fait devenir pour moi un cadeau plutôt qu'une cause d'irritation. Si vous commencez à donner aux personnes et aux situations qui occupent votre vie des noms qui font vibrer une énergie positive en vous, vous verrez qu'elles ne vous dérangeront plus et qu'elles peuvent en fait être pour vous une source d'inspiration et un moteur de croissance. Changez de vocabulaire et voyez changer votre vie. Par exemple :

AU LIEU DE	POURQUOI PAS
Problème	Occasion
Revers	Défi
Ennemi	Ami
Persécuteur	Mentor
Douleur	Inconfort
J'exige	J'aimerais
Je dois faire	J'ai la chance de faire
Plainte	Demande
Lutte	Voyage
Tu as fait cela	J'ai créé cela

Livrez-vous à cet exercice. Il vous semblera peut-être difficile au début, mais observez comment il modifiera votre attitude à l'endroit d'une personne ou d'une situation. À mesure que vous changerez, la situation elle aussi changera.

Rappelez-vous le commentaire de John Milton dans *Le Paradis perdu* : « L'esprit est à soi-même sa propre demeure ; il peut faire en soi un Ciel de l'Enfer, un Enfer du Ciel. »

Quand on leur demande comment elles vont, certaines personnes grognent un sarcasme : « Une autre journée au paradis ! » J'ai décidé d'adopter cette réponse pour cette question. Sauf que, dans ma bouche, ce n'est pas un commentaire sarcastique, mais l'expression d'une croyance sincère : « C'est une autre journée au paradis ! »

Au début, j'étais mal à l'aise de dire cela, mais c'est maintenant devenu comme une seconde nature. J'ai

> « L'esprit est à soi-même sa propre demeure ; il peut faire en soi un Ciel de l'Enfer, un Enfer du Ciel. »
>
> — JOHN MILTON, *LE PARADIS PERDU*

remarqué que ce commentaire provoque un sourire chez les autres et, plus important encore, me rappelle qu'en le prononçant j'ai le choix d'être heureux ou triste, de me sentir en enfer ou au ciel.

Vous savez bien ce que signifie le mot « amen ». Bien entendu, ce n'est pas, comme le croyait l'un de mes amis, une manière de terminer une prière, de dire *ciao* à Dieu.

Amen signifie « ainsi soit-il » ; c'est l'affirmation positive qui clôt votre prière. C'est une déclaration de foi : vous croyez que ce que vous cherchez, vous l'avez déjà. Vous avez lancé votre demande à l'Infini et vous affirmez qu'il en est ainsi maintenant.

Songez à la puissance de vos paroles et décidez si vous diriez ou non ensuite « ainsi soit-il », pour que vos paroles soient vraies.

« Les hommes sont infidèles. »
Ainsi soit-il.

« Personne ne m'aime. »
Ainsi soit-il.

« Ce client n'achète jamais rien. »
Ainsi soit-il.

« Je mourrai probablement seul. »
Ainsi soit-il.

« Je ne peux pas trouver d'emploi. »
Ainsi soit-il.

« La vie est injuste. »
Ainsi soit-il.

« Je ne me libérerai jamais de mes dettes. »
Ainsi soit-il.

« Je ne trouverai jamais un travail que j'aime. »
Ainsi soit-il.

« Les représentants des services à la clientèle sont impolis et ne vous aident jamais beaucoup. »
Ainsi soit-il.

Et ainsi de suite.

Ce que vous dites devient votre réalité. Dans le passé, votre inclination était peut-être de dire des choses critiques, sarcastiques ou négatives. Il vous faudra un peu de temps pour vous réformer, et le silence est le meilleur terreau pour cette graine qu'est la parole. Prenez le temps d'inspirer et de choisir vos mots.

Choisissez-les avec sagesse.

Choisissez de parler de ce que vous désirez, plutôt que de vous plaindre de la situation. Si vous vous plaignez, haussez les épaules et repartez à zéro. Continuez de faire passer votre bracelet d'un poignet à l'autre à chaque plainte. Vous réussirez si vous persistez. Tout ce qui a de la valeur demande de la persévérance. Pensez à ceci : « Si Colomb avait fait demi-tour, personne ne l'aurait blâmé. Évidemment, personne ne se souviendrait de lui non plus. »

> *« Le silence est l'un des grands arts de la conversation. »*
>
> — CICÉRON

S'affranchir des plaintes, c'est un voyage semblable à celui de Christophe Colomb. Il commence par une idée excitante de richesses et de grandes découvertes, et pourtant ce voyage semble durer beaucoup trop longtemps. Ne faites pas demi-tour. Un Nouveau Monde excitant vous attend.

CHAPITRE 7

Critiques et sarcasmes

Je vois le sarcasme comme étant en général la langue du diable ; c'est
pourquoi j'y ai renoncé depuis longtemps.
— **THOMAS CARLYLE**

La critique et le sarcasme sont deux formes de plainte. Si vous
vous adonnez à l'un ou à l'autre, changez votre bracelet de
poignet. Dans notre contexte, critiquer quelqu'un, c'est le juger
négativement, avec malveillance, et l'expression «critique
constructive» devient un oxymore. Être constructif, c'est
construire ; critiquer, c'est détruire.

Personne n'aime être critiqué. Souvent, nos critiques aggravent la situation au lieu de la corriger.

Les vrais chefs savent que les gens réagissent beaucoup plus
favorablement aux marques d'appréciation qu'aux critiques.
L'appréciation incite l'être
humain à exceller afin de
recevoir d'autres marques
d'appréciation. Les critiques,
au contraire, l'abattent, et les
gens qui sont dévalorisés se
sentent incapables de faire
du bon travail.

> *«Les gens sollicitent vos*
> *critiques, mais ils ne désirent*
> *que des louanges.»*
>
> — W. SOMERSET MAUGHAM

J'étais sur la bonne voie pour m'affranchir des plaintes. J'avais déjà passé plusieurs jours sans me plaindre, et je me rendais compte que cela changeait ma vie.

Mon mari a insisté pour que je mette fin au défi. Il m'a dit que ma compagnie était beaucoup moins amusante qu'avant. Je suppose qu'il trouve amusant de se plaindre, et que le fait que je ne me joigne plus à lui pour ronchonner lui déplaît.

Ça me rend triste.

— Nom non divulgué

Un cercle vicieux se crée. Une personne commet une erreur, et son patron la critique. L'employé a le sentiment de ne pas être à la hauteur, et il commet une autre erreur, laquelle suscite également les critiques du patron. Ce comportement fait en sorte que d'autres erreurs sont commises et critiquées, et le cycle se répète.

La clé consiste à parler non pas de ce que la personne n'a pas fait correctement dans le passé, mais plutôt de ce que vous voulez qu'elle fasse à l'avenir. Ne dites pas : « Encore une fois, tu n'as pas remis ta carte de pointage à 17 h ! Es-tu stupide, ou quoi ? » Dites plutôt : « Les cartes de pointage doivent être remises à 17 h ; je suis sûr que tu ne vas pas l'oublier. »

Une critique est une forme d'agression. Quand les gens se sentent agressés, ils ont le choix entre fuir ou se battre. Il se peut qu'ils ne se battent pas, mais le fait qu'ils battent en retraite ne signifie pas que la guerre est finie. Ils continueront d'afficher le même comportement irritant ou un autre comme moyen de contre-attaque. Tous les êtres humains recherchent le pouvoir, et si le seul moyen de l'obtenir est d'adopter un comportement passif agressif, c'est ce qu'ils feront.

C'est l'attention que l'on porte à quelqu'un qui motive son comportement. Nous aimerions que ce soit l'inverse, mais ce n'est pas le cas. Lorsque nous critiquons quelqu'un, nous l'invitons en quelque sorte à manifester de nouveau le comportement critiqué. Cela s'applique à votre partenaire, à vos enfants, à vos employés et à vos amis. Dans la pièce de George Bernard Shaw, *Pygmalion*, Eliza Doolittle explique ainsi ce phénomène au colonel Pickering : « Mis à part ce que n'importe qui peut acquérir (la manière de s'habiller, la façon de parler, et ainsi de suite), la différence entre une lady et une vendeuse de fleurs n'est pas dans la manière dont elles se conduisent, mais dans la manière dont elles sont traitées. Je ne serai jamais qu'une vendeuse de fleurs pour le professeur Higgins, parce qu'il me traite toujours comme une vendeuse de fleurs et me traitera toujours ainsi. Mais je sais que je peux être une lady pour vous, parce que vous me traitez toujours comme une lady et qu'il en sera toujours ainsi. »

> *« Quelle que soit la leçon, on ne peut l'enseigner qu'en inculquant à l'élève un sentiment de fierté et non pas de honte. »*
>
> — HARVEY MACKAY

Nous exerçons beaucoup plus de pouvoir sur la création de nos vies que nous le savons. Ce que nous pensons des autres détermine comment ils se manifesteront à nos yeux et comment nous entretiendrons des rapports avec eux. Nos paroles révèlent aux autres ce que nous attendons d'eux et de leur comportement. Si nous les critiquons, leur comportement reflétera l'attente suggérée par nos propos.

Nous connaissons tous des parents qui s'attardent davantage sur les mauvaises notes reçues par leur enfant que sur les bonnes. L'enfant rapporte son bulletin à la maison : quatre A et un C. Et le parent lui demande pourquoi il a obtenu un C. Il met l'accent sur la seule note moyenne, plutôt que sur les quatre notes excellentes.

Ma propre fille, Lia, qui a toujours eu d'excellentes notes, a commencé à un moment donné à négliger son travail scolaire. Lorsqu'elle a rapporté son bulletin à la maison, je l'ai félicitée pour ses A et ses B, sans dire quoi que ce soit à propos des notes plus faibles.

« Tu n'es pas fâché que j'aie eu des mauvaises notes ? » m'a-t-elle demandé.

Je lui ai répondu : « Pourquoi le serais-je ? Ce sont tes notes. Si tu en es satisfaite, c'est tout ce qui compte. »

Elle n'en était pas satisfaite, et elle les a toutes améliorées très peu de temps après. Si je l'avais réprimandée pour ses mauvaises notes, elle aurait pu se sentir déresponsabilisée, éprouver de la colère et laisser toutes ses notes décliner rien que pour s'affirmer. Lorsque je lui ai laissé la responsabilité de décider si ses notes étaient acceptables ou non, elle a fait des choix qui sont allés au-delà de ce que j'aurais pu l'inciter à atteindre.

Le leadership peut être une tâche intimidante. Le leader qui recourt aux critiques laisse voir qu'il ne possède pas les ressources qu'il faut pour être un vrai chef.

Le rôle d'un leader est d'inspirer son équipe à donner son rendement maximal. Lorsqu'une personne donne ce qu'elle a de mieux, l'organisation en profite, et cette personne éprouve la satisfaction de l'accomplissement. Elle ressent la joie d'avoir fait appel à des ressources qu'elle ignorait posséder. Les gens progressent lorsqu'ils vont au bout d'eux-mêmes et qu'ils en font davantage, et c'est une démarche qui les stimule.

La tâche du leader consiste à trouver le juste équilibre entre l'inspiration et la direction.

Il y a quelque temps, à l'occasion d'une conférence où je devais prononcer une allocution, j'ai bavardé avec

> *« Un employeur a généralement les employés qu'il mérite. »*
>
> — J. PAUL GETTY

le PDG du commanditaire de la conférence. En une dizaine d'années seulement, il avait réussi à transformer sa petite entreprise issue d'une idée toute simple en une multinationale engrangeant des revenus annuels de plusieurs millions. Il m'a parlé de la croissance phénoménale de son entreprise et de ce qui était devenu sa plus grande difficulté.

«Pendant longtemps, mes employés m'ont détesté, m'a-t-il confié. Je faisais ce qu'il fallait, bien sûr, mais les gens se sentaient irrités par mes critiques. Notre croissance fulgurante a fini par atteindre un palier, pour ensuite décliner.

— Qu'avez-vous fait alors?

— J'ai dû apprendre à inspirer les gens sans leur miner le moral. Je suis parti en voyage rien que pour m'éloigner un peu, et c'est par hasard que j'ai appris une leçon qui m'a été vraiment utile.»

Je lui ai demandé quelle était cette leçon.

«Eh! bien, j'ai participé à un déplacement de bétail. Il fallait que je garde les vaches en mouvement, mais je me suis rendu compte qu'on peut vite provoquer accidentellement la dispersion du troupeau. Après avoir poussé les vaches presque au point de les voir s'enfuir en désordre, j'ai demandé à un vieux cowboy ce que je faisais de travers. Il m'a dit qu'une vache, avant de se mouvoir, déplace son poids dans la direction où elle ira. Il m'a dit que je ne devais pas pousser les vaches avant qu'elles aient commencé à se mouvoir. Il fallait leur donner un petit coup de coude jusqu'à ce qu'elles déplacent leur poids dans la bonne direction. Ensuite, je devais les laisser tranquilles.»

Le PDG a continué son récit: «C'est toute une technique de savoir quelle pression exercer pour que la vache déplace son poids dans une certaine direction, puis de la laisser faire. Souvent, je poussais trop fort, parfois pas assez; mais j'ai fini par comprendre comment le faire.

«J'ai compris aussi que diriger des personnes, c'est un peu comme mener un troupeau. Lorsque je les incite à avancer dans un certain sens et qu'elles commencent à le faire, je dois les laisser tranquilles. Auparavant, au lieu de faire cela, je pensais devoir les aiguillonner pour qu'elles continuent d'avancer. Je leur expliquais mes raisons en insistant sur l'importance de continuer dans cette direction. Même si ces personnes allaient là où je voulais, je continuais de les pousser de crainte qu'elles ne s'arrêtent. À cause de cela, elles ralentissaient, et moi, je les critiquais.

« Ces personnes se sentaient déresponsabilisées et m'en voulaient. Elles avaient de moins en moins envie d'avancer. Aujourd'hui, dès que je vois mes employés commencer à avancer dans la bonne direction, je les laisse tranquilles. »

Le PDG a conclu ses commentaires en souriant largement : « Maintenant que j'en fais moins, mon entreprise est plus prospère, et tout le monde est plus heureux – moi le premier. »

Dans *Réussir... et après*, Richard Branson écrit que le secret d'une bonne gestion consiste à savoir dans quelle mesure les employés veulent faire ce qu'il y a de mieux pour eux-mêmes et pour l'entreprise. Il affirme que les gens sont toujours durs envers eux-mêmes. Un dirigeant qui comprend cela saura que, même sans faire l'objet de critiques, les gens s'empêcheront de répéter leurs erreurs.

Pour le chef d'une famille, d'un groupe de citoyens, d'une église ou d'une entreprise, le talent consiste à apprendre à cesser de pousser ses membres dès qu'il sent qu'ils commencent à avancer dans la direction souhaitée. Ce mouvement leur donne du dynamisme et de la fierté, et s'alimente lui-même. Pour un chef, ce qui compte, ce n'est pas d'en faire beaucoup, mais plutôt de veiller à ce que les choses avancent bien, et pour y arriver il faut parfois en faire moins.

Avant de critiquer les gens pour leur rendement, donnez-leur l'occasion de se corriger eux-mêmes. Il est probable qu'ils le feront.

> Le sarcasme est une plainte qui prend la forme d'une agression passive.

Comme les critiques, les sarcasmes constituent une forme de plainte. La critique est une plainte qui prend la forme d'une agression directe, tandis que le sarcasme est une plainte qui prend la forme d'une agression passive.

Dans le film *La Justice au cœur* – vous aurez compris que j'aime beaucoup le cinéma –, le chanteur de musique country Dwight Yoakam interprète le rôle de Doyle, un jeune homme en colère. Doyle ne cesse d'adresser des paroles blessantes, voire méchantes, aux autres personnages, pour ensuite atténuer ses commentaires par un «je blague». Une personne sarcastique est comme un chauffard coupable d'un délit de fuite : elle formule un commentaire négatif, puis lance par-dessus l'épaule un «je blague», en s'enfuyant.

Le sarcasme est un commentaire négatif assorti d'une possibilité de démenti humoristique pour le cas où la personne à qui il est adressé regimberait.

Durant la rédaction du présent chapitre, j'ai publié sur Facebook quelques commentaires sur le sarcasme. L'un de mes lecteurs a répondu : «Le sarcasme est un trait mordant d'ironie, de raillerie cruelle. L'étymologie du mot est encore plus alarmante : il vient du latin *sarcasmus*, mot issu du grec *sarkazein*, qui signifie "mordre la chair". *Sarcasmus* et *sarkazein* étaient aussi deux formes de torture utilisées au Moyen Âge.»

Pendant la période où j'ai relevé le défi des 21 jours, le plus difficile pour moi a été de cesser d'être sarcastique.

Certains me demandent : «Qu'y a-t-il de mal à se livrer à quelques sarcasmes ? Je ne fais que plaisanter.» Comme je l'ai dit, le sarcasme est toujours une critique à laquelle on donne une tournure humoristique. Le sarcasme est un commentaire acerbe présenté comme une plaisanterie. C'est le dernier recours d'une personne qui souhaite transmettre un message, mais qui ne veut pas être tenue responsable des répercussions éventuelles de la réception de ce message.

Il y a deux ans, j'ai dirigé un groupe qui participait au financement d'un centre de naissance dans un hôpital de Tanzanie. Selon certaines statistiques, dans ce pays pauvre d'Afrique, près d'une mère sur trois meurt en couches faute de soins médicaux adéquats.

Ce que j'ai trouvé frappant chez les Africains, c'est leur tempérament amical et heureux. Même si beaucoup d'entre eux vivent dans une pauvreté extrême et sans les soins médicaux nécessaires, ils ont tendance à être optimistes et joyeux.

Par un bel après-midi, notre groupe entassé dans un vieil autocar est allé visiter un musée. Les routes secondaires de Mwanza, en Tanzanie, sont en terre battue. À certains endroits, des rochers aussi gros que des baignoires font saillie, et les conducteurs doivent les contourner. Dans la plupart des pays, les automobilistes conduisent dans leur voie, mais à Mwanza les conducteurs doivent parfois faire un crochet jusqu'à l'accotement de la voie opposée pour contourner un rocher. En plus de ces rochers, il y a sur les routes de profondes rigoles creusées par le ruissellement des eaux durant la saison des pluies. En raison de tous ces obstacles, se déplacer sur une courte distance peut prendre beaucoup de temps.

Dans le car, j'étais assis à côté d'un jeune homme qui traduisait la conversation que je tenais avec mon guide. Après que le car a fait de multiples crochets à droite et à gauche, attendu souvent longtemps pour laisser passer d'autres véhicules, et fait des bonds sur la route pendant 20 minutes pour franchir quatre ou cinq kilomètres, je me suis tourné vers notre guide et lui ai lancé d'un ton sarcastique : «Oh! Quelles belles routes!»

Notre interprète a gardé le silence.

«N'allez-vous pas traduire ce que je viens de dire? lui ai-je demandé.

— Je ne le peux pas.

— Pourquoi donc?

— Parce que vous venez de parler de manière sarcastique, m'a-t-il expliqué. Les Africains ne comprennent pas le sarcasme. Si je lui dis que vous trouvez nos routes belles, il vous croira. Si je lui dis que vous ne les trouvez pas belles, j'aurai l'air de le critiquer.

— Ils ne parlent jamais de manière sarcastique ?

— Non, ils n'ont pas de terme pour nommer le sarcasme. Ils ne comprennent pas que l'on puisse dire quelque chose en voulant dire le contraire. Pour eux, on ne dit que ce que l'on pense vraiment. »

« Une personne sarcastique est atteinte d'un sentiment de supériorité que seule l'honnêteté de l'humilité peut guérir. »

— LAWRENCE G. LOVASIK

Il n'y a peut-être pas vraiment de lien entre le comportement optimiste de ces Africains et l'absence de sarcasmes. Mais savoir que les autres pensent ce qu'ils disent apporte peut-être une certaine paix.

Incidemment, et je pense qu'il y a là un lien direct avec leur bonheur généralisé, les Africains considèrent qu'il est impoli de se plaindre aux autres. Ils estiment que transférer votre fardeau sur les épaules de quelqu'un d'autre ne réduit pas vos souffrances, mais ajoute à celles de votre interlocuteur.

Les critiques et les sarcasmes sont les formes les plus insidieuses des plaintes. Soyez attentif au nombre de fois que vous formulez des critiques ou des commentaires sarcastiques ; changez chaque fois votre bracelet de poignet.

CHAPITRE 8

Klaxonnez si vous êtes heureux

Le moment présent est rempli de joie et de bonheur.
Si vous êtes attentif, vous le constaterez.
— THICH NHAT HANH

Le stade de la Compétence consciente est celui que plusieurs ont appelé le stade du «je ne vais pas changer mon bracelet de poignet». Vous commencez à dire quelque chose, vous vous rendez compte que vous êtes en train de vous plaindre, de potiner, ou d'émettre des critiques ou des sarcasmes, puis vous y coupez court, en concluant: «Je ne vais pas changer mon bracelet de poignet.» Ensuite, vous reformulez votre commentaire ou vous passez à autre chose.

Beaucoup de participants au défi des 21 jours ont trouvé utile de se faire un «compagnon de défi». Songez à afficher une demande sur notre page Facebook (facebook.com/AComplaintFreeWorld) pour trouver quelqu'un qui partagera votre expérience et vous aidera à rester motivé. Mieux encore, envisagez de recruter à cette fin un ami ou un membre de votre famille.

VOIX

J'essaie de m'affranchir des plaintes et mes efforts déteignent sur ma famille.

Ma fille, Rose, une élève de sixième année, vit les mêmes tribulations que toutes les adolescentes.

L'une de ses « amies » lui a envoyé un message affirmant que Rose était une très mauvaise amie, et en dressant la liste des raisons. Elle y écrivait aussi que toutes les autres filles du groupe pensaient la même chose.

Quand Rose m'a relaté cette histoire, je me suis sentie nerveuse, parce que je comprends qu'une situation comme celle-là est très importante pour une ado comme elle. Je lui ai demandé comment elle avait réagi.

Rose m'a répondu qu'elle avait dit à l'auteure du message : « Je vais faire comme si je n'avais jamais reçu ce message. À partir de maintenant, nous n'allons nous dire que des choses gentilles. J'aime beaucoup tes souliers. »

L'autre fille était à ce point étonnée qu'elle s'est mise à rire.

Je suis fière de ma fille ; je suis sûre que le fait de porter ce bracelet et d'avoir expliqué à Rose comment j'ai cessé de me plaindre me rapporte gros.

— Rachel Kaminer,
White Plains, New York

Note : Le compagnon du défi des 21 jours n'est pas quelqu'un qui va vous surveiller constamment pour relever toutes vos plaintes. C'est quelqu'un qui se réjouira avec vous de vos réussites et qui vous encouragera à persévérer lorsque vous devrez recommencer au Jour 1.

Trouvez quelqu'un qui soit en mesure de vous aider à recadrer de manière positive les situations de votre vie ; quelqu'un qui vous aidera à reconnaître le bon côté des situations que vous devez affronter. Vous avez besoin d'une meneuse de claque, d'une personne qui vous encouragera quand vous aurez envie de baisser les bras, de quelqu'un qui veut vous voir réussir.

«Le bonheur est le seul bien. Le moment pour être heureux, c'est maintenant. L'endroit pour être heureux, c'est ici.»

— ROBERT G. INGERSOL

Comme je l'ai dit au chapitre premier, l'un des effets secondaires les plus souvent ressentis lorsqu'on s'affranchit des plaintes est un sentiment accru de bonheur. Quand vous cesserez de maugréer à cause des difficultés de votre vie et commencerez plutôt à vous attarder sur ce qui va bien, votre esprit ne pourra pas rester indifférent à votre nouvelle attitude.

Il y a une douzaine d'années, j'ai rencontré un homme qui a aidé une personne qui lui était chère à recadrer ce qui semblait être une situation négative, voire tragique. De toutes les histoires que j'ai relatées dans la première version du présent ouvrage, c'est de loin la plus populaire. Elle a fait l'objet de nombreux tirages à part et a été distribuée à des millions de personnes, parce que le message contenu dans cette histoire est à la fois si simple et si profond.

Tout a commencé par un petit panneau.

C'était un «panneau» découpé dans une vieille feuille de carton et agrafé sur l'un de ces petits bâtons que les quincailliers donnent pour mélanger la peinture. Un jour, j'étais sur le point de traverser le pont sur la rivière Waccamaw, près de Conway, en Caroline du Sud, quand j'ai remarqué le panneau. Il était là, sur le bord de la route, planté dans le sol, parmi les détritus et les nids de fourmis. Il y était écrit :

Klaxonnez si vous êtes heureux !

J'ai hoché la tête devant la naïveté de l'auteur du panneau et continué de rouler, sans klaxonner.

« Ah ! quelle niaiserie ! ai-je grogné, seul dans ma voiture. Heureux ? Qu'est-ce que le bonheur ? » J'avais connu le plaisir. Mais même dans les moments intenses de plaisir et de contentement, je m'étais demandé quand une tuile me tomberait sur la tête pour me ramener à la réalité. « Le bonheur n'est qu'une chimère. La vie est douloureuse et difficile. Si les choses vont bien, il y a au détour du chemin quelque chose qui va te faire sortir très vite de ton rêve de bonheur. Peut-être qu'on est heureux après la mort », pensais-je, sans être certain de cela non plus.

Deux ou trois semaines plus tard, un dimanche, je roulais sur la route 544 en direction de Surfside Beach, en compagnie de ma fille Lia, alors âgée de deux ans. Nous allions voir des amis. En riant et en nous amusant, Lia et moi chantions en écoutant une cassette marquée au crayon feutre « chansons préférées des enfants ». En approchant du pont enjambant la rivière Waccamaw, j'ai de nouveau vu le panneau et, sans y penser, j'ai klaxonné.

« Qu'est-ce qu'il y a ? » a demandé Lia, supposant sans doute qu'il y avait quelque chose sur la chaussée.

« Il y a un panneau sur le bord de la route qui dit "KLAXONNEZ SI VOUS ÊTES HEUREUX", lui ai-je répondu. Comme je me sens heureux, je l'ai fait. »

Pour Lia, cette histoire de panneau était tout à fait sensée. Les enfants n'ont pas la notion du temps ; ils ignorent ce que sont les responsabilités qui épuisent, les déceptions, les trahisons et les autres contraintes et blessures qui affligent les adultes. Pour elle, la vie se vit dans l'instant, et le moment présent est destiné au bonheur. Quand viendra le moment suivant, lui aussi sera destiné au bonheur. Il faut klaxonner et célébrer cet heureux instant.

Plus tard, en rentrant à la maison, nous sommes de nouveau passés devant le panneau. Lia a crié : « Klaxonne, papa, klaxonne ! » À cette heure-là, ma perspective avait changé depuis le matin, quand j'avais eu hâte de passer du temps avec mes amis ; mon esprit était plutôt occupé par les tâches urgentes et difficiles qui m'attendaient au bureau le lendemain matin. Mon humeur n'avait rien d'heureux, mais j'ai klaxonné pour faire plaisir à la petite.

Je n'oublierai jamais ce qui est arrivé alors. Au fond de moi, pendant un moment fugace, je me suis senti un peu plus heureux que quelques secondes auparavant – comme si le fait d'avoir klaxonné m'avait rendu plus heureux. Peut-être était-ce le résultat d'une espèce de conditionnement pavlovien. Peut-être que le coup de klaxon m'avait rappelé une partie des sentiments agréables que j'avais éprouvés en klaxonnant le matin.

À partir de ce jour-là, nous ne pouvions plus rouler sur cette route sans que Lia me rappelle de klaxonner. J'ai remarqué que, chaque fois que je le faisais, mon thermostat émotionnel montait. Sur une échelle de un à dix, si mon bon-

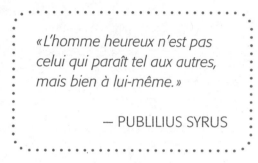

«L'homme heureux n'est pas celui qui paraît tel aux autres, mais bien à lui-même.»

— PUBLILIUS SYRUS

heur était d'intensité deux, il montait à six ou sept après mon coup de klaxon. J'ai remarqué que cela se produisait chaque fois que je passais devant le panneau et que je klaxonnais. J'ai commencé à le faire même lorsque j'étais seul dans ma voiture.

Le sentiment positif que j'éprouvais quand je klaxonnais à la vue du panneau a commencé à se diffuser. J'avais hâte de rouler sur cette partie de la route ; même avant de passer devant le panneau, je me sentais un peu plus heureux à l'intérieur. Au bout d'un certain temps, j'ai constaté que, dès que je me trouvais sur la route 544, mon bonheur s'intensifiait immédiatement. Toute cette portion de route de 22 kilomètres devenait pour moi un lieu de régénération émotionnelle.

Le panneau était planté sur l'accotement, près d'un boisé qui séparait les maisons voisines du pont. J'ai fini par me demander qui l'avait installé et pourquoi.

À cette époque, je vendais de l'assurance à domicile. Un après-midi, j'avais un rendez-vous avec une famille qui habitait à environ deux kilomètres au nord de la route 544. Mais quand je suis arrivé à cette maison, la mère m'a annoncé que son mari

> *«Malgré toutes les vilenies, les tragédies et tous les rêves déçus, le monde est quand même magnifique. Répands la bonne humeur. Tâche d'être heureux.»*
>
> — MAX EHRMANN,
> *DESIDERATA*

avait oublié le rendez-vous et qu'il fallait le reporter. Je me suis senti découragé pendant un instant, mais, en quittant l'ensemble domiciliaire, je me suis rendu compte que je me trouvais à l'arrière du boisé qui longeait la route. J'ai essayé de déterminer à quel endroit je me trouvais par rapport au fameux panneau ; quand j'ai cru me trouver à proximité de là, je me suis arrêté à la maison la plus proche.

C'était un bungalow usiné gris, avec garnitures rouges. En grimpant l'escalier cannelle de la terrasse avant, j'ai pu voir que la maison était simple, mais très bien entretenue.

J'ai essayé de préparer ce que j'allais dire si quelqu'un m'ouvrait. J'avais hésité : « J'ai vu un panneau sur le bord de la route, de l'autre côté du boisé, et je me demandais si vous savez de quoi il retourne. » Ou bien : « Excusez-moi, mais êtes-vous les gens du panneau "Klaxonnez si vous êtes heureux" ? »

> *«L'expérience m'a appris qu'une grande part de notre bonheur ou de notre misère dépend de notre tempérament, et pas de notre situation.»*
>
> — MARTHA WASHINGTON

J'étais mal à l'aise, mais je voulais en savoir plus long sur le panneau qui avait exercé un tel effet sur ma pensée et sur ma vie. Après avoir sonné, je n'ai eu l'occasion de poser aucune des questions que j'avais répétées.

« Entrez ! » m'a dit un homme au sourire chaleureux.

Je me sentais encore plus mal à l'aise. J'ai pensé qu'il attendait quelqu'un et qu'il me croyait être cette personne. Je suis entré chez lui, et il m'a serré la main. Je lui ai expliqué que cela faisait plus d'un an que je passais sur la route près de sa maison et que j'avais vu un panneau sur lequel il était écrit « KLAXONNEZ SI VOUS ÊTES HEUREUX ». J'avais estimé que sa maison était l'une des plus proches du panneau, et je me demandais s'il savait quelque chose au sujet dudit panneau. Il m'a souri: c'est lui qui l'avait installé plus d'un an auparavant, et je n'étais pas la première personne à m'arrêter chez lui pour m'informer.

Pendant que j'entendais deux ou trois coups de klaxon au loin, il m'a dit: « Je suis entraîneur à l'école secondaire du quartier. Ma femme et moi adorons vivre ici, près de la plage, et nous aimons les gens. Nous sommes heureux ensemble depuis de nombreuses années. » Son regard bleu pâle semblait vouloir transpercer le mien. « Ma femme est tombée malade. Les médecins lui ont dit qu'il n'y avait rien qu'ils puissent faire pour elle. Ils l'ont invitée à mettre de l'ordre dans ses affaires, en affirmant qu'il lui restait quatre mois à vivre, six au maximum. »

Le bref silence qui a suivi m'a mis un peu mal à l'aise, mais lui ne l'était pas. « Au début, nous étions en état de choc, a-t-il dit. Puis en colère. Ensuite, nous nous sommes réconfortés l'un l'autre et avons pleuré pendant ce qui m'a paru être une éternité. Nous avons fini par accepter que ses jours fussent comptés. Elle s'est préparée pour la mort. Nous avons installé un lit d'hôpital dans notre chambre, et elle y est restée allongée dans l'obscurité. Nous étions tous deux malheureux. »

L'homme a poursuivi son récit: « Un jour, j'étais assis sur la terrasse pendant qu'elle essayait de dormir. Elle souffrait beaucoup; il lui était difficile de s'assoupir. Je me sentais désespéré. Ça me fendait le cœur. Mais j'entendais les voitures qui traversaient le pont pour aller à la plage. » Son regard s'est posé un instant sur l'un des coins de la pièce. Puis, comme s'il se rappelait qu'il était en train de parler à quelqu'un, il a hoché la tête et repris son récit. « Saviez-vous que le Grand Strand – comme les gens appellent cette immense plage d'une centaine de kilomètres sur la côte de la Caroline du Sud – est l'une des premières destinations touristiques aux États-Unis ? »

« Heu… oui, je le sais, ai-je répondu. Plus de 13 millions de touristes viennent chaque année y passer leurs vacances. »

« Oui, monsieur, a-t-il fait. Et avez-vous déjà été plus heureux qu'au moment de partir en vacances ? Vous planifiez, vous économisez, puis vous partez avec votre famille ou avec votre petite amie passer du bon temps quelque part. C'est fantastique. »

Un long coup de klaxon est venu ponctuer sa phrase juste à ce moment-là.

L'entraîneur a réfléchi un instant avant de reprendre la parole. « L'idée m'est venue sur la terrasse ce jour-là que, même si ma femme était en train de mourir, le bonheur n'avait pas à mourir avec elle. En fait, le bonheur était partout autour de nous. Il était dans les voitures qui passaient chaque jour à quelques dizaines de mètres de notre maison. J'ai planté le panneau près de la route. Je ne m'attendais à rien de particulier. Je voulais simplement que les gens dans les voitures apprécient l'instant présent, qu'ils ne le tiennent pas pour acquis. Ce moment spécial, qui ne se répéterait jamais, qu'ils vivaient avec les êtres qui leur étaient le plus chers, devait être savouré, et ces gens devaient prendre *conscience* du bonheur que représentait cet instant. »

Plusieurs coups de klaxon se sont succédé rapidement. « Ma femme a commencé à entendre des coups de klaxon, occasionnels au début. Elle m'a demandé si je savais ce qui se passait. Je lui ai parlé du panneau. Au fil du temps, le nombre de conducteurs qui klaxonnaient en passant a crû, et ces coups de

> « Lorsqu'une porte du bonheur se ferme, une autre s'ouvre ; mais parfois on observe si longtemps celle qui s'est fermée qu'on ne voit pas celle qui vient de s'ouvrir à nous. »
>
> — HELEN KELLER

klaxon sont devenus pour elle comme un médicament. Allongée sur son lit, elle a trouvé un grand réconfort dans cette drôle de musique discordante qui lui disait qu'elle n'était pas isolée dans une chambre sombre, à l'article de la mort. Elle participait au bonheur du monde, qui était tout autour d'elle. »

Je suis resté silencieux pendant un long moment, en essayant d'absorber tout ce que cet homme venait de me dire. Je trouvais son histoire touchante, inspirante.

Il m'a demandé si j'aimerais rencontrer sa femme.

« Heu… oui », lui ai-je répondu, un peu surpris. Nous avions parlé de sa femme pendant si longtemps que j'avais commencé à la voir davantage comme le personnage d'une belle et riche histoire que comme une vraie personne. Dans le couloir menant à leur chambre, je me suis préparé à ne pas avoir l'air surpris par l'image de la femme mourante qui m'attendait. Mais j'ai trouvé dans la chambre une femme souriante qui avait l'air de faire semblant d'être malade, plutôt qu'une personne qui était vraiment à l'article de la mort.

Encore un coup de klaxon. Elle a lancé un sourire enjoué en direction de son mari. « Ce sont les Harris, a-t-elle dit. Je suis contente de les entendre une nouvelle fois. Ils m'ont manqué. » Son mari lui a souri à son tour.

Après les présentations, elle m'a expliqué que sa vie était aujourd'hui aussi riche qu'elle ne l'avait jamais été. Des centaines de fois, jour et nuit, elle entendait les stridulations, les barrissements, les bêlements et les rugissements des klaxons, qui lui disaient qu'il y avait du bonheur dans le monde. « Ils ne se doutent aucunement que je suis couchée ici et que je les écoute, a-t-elle

> « Les gens ne comptent que leurs malheurs ; leurs bonheurs, ils ne les comptent jamais. S'ils les comptaient comme il faut, ils comprendraient que chacun a sa part en réserve. »
>
> — FÉDOR DOSTOÏEVSKI

dit, mais je les connais, moi. Je peux maintenant savoir qui ils sont, rien qu'au son de leur klaxon. »

Rougissant un peu, elle a ajouté : « J'ai inventé des histoires à leur propos. J'imagine tout le plaisir qu'ils ont à la plage ou sur le terrain de golf. Si c'est un jour pluvieux, je les imagine en train de visiter l'aquarium ou de se promener dans les boutiques. Le soir, je les vois au parc d'attractions ou en train de danser sous les étoiles. Ils mènent des vies heureuses. » Sa voix s'estompait ; elle était en train de s'assoupir : « Des vies heureuses… heureuses. »

Mis à part le bruit des klaxons, le silence régnait dans la pièce où nous étions.

J'ai dirigé mon regard vers l'homme. Il m'a souri. Nous nous sommes tous les deux levés et sommes sortis de la chambre. En silence, il m'a accompagné jusqu'à la porte. Mais, au moment de partir, une question m'est venue à l'esprit.

« Vous avez dit que les médecins lui avaient donné six mois à vivre, non ?

— Oui, c'est vrai, m'a-t-il répondu avec le sourire, pressentant ma question suivante.

— Mais vous avez dit qu'elle est restée alitée pendant plusieurs mois avant l'installation du panneau.

— Oui.

— Et cela fait plus d'un an que je vois ce panneau.

— Exactement, a-t-il répondu, en me tapant doucement l'épaule. Revenez nous voir bientôt. »

Le panneau est resté planté sur le bord de la route une année de plus, puis il a soudainement disparu. En passant par là, j'ai pensé qu'elle avait dû mourir. Je me suis dit qu'au moins elle avait été heureuse à la fin de sa vie. Elle avait fait un pied de nez au destin. Ses médecins devaient être vraiment étonnés.

Quelques jours plus tard, je roulais sur la route 544 en direction de la plage et, pour la première fois, j'éprouvais de la tristesse plutôt que du bonheur en arrivant près du pont. J'ai bien cherché le panneau du regard, imaginant que les intempéries l'avaient peut-être abattu. Mais il n'était plus là. Il faisait sombre en moi.

Je pensais beaucoup à cette femme qui, dans la douleur, aux portes de la mort, était parvenue à trouver du bonheur. Je me suis demandé comment il se faisait que tant de gens qui possèdent tout ce qu'elle aurait désiré avoir se promènent dans la vie l'air malheureux, en se plaignant tout le temps.

La semaine suivante, de nouveau sur la même route, près du même pont, j'ai remarqué quelque chose d'extraordinaire. À l'endroit où avait été planté le petit panneau de carton se trouvait maintenant une nouvelle enseigne jaune vif, d'un mètre sur deux, entourée d'une bordure de lampes clignotantes. Sur ses deux faces, on pouvait voir en grandes lettres lumineuses le message familier « KLAXONNEZ SI VOUS ÊTES HEUREUX ! ».

Les yeux embués, j'ai appuyé sur mon klaxon pour que l'entraîneur et sa femme sachent que je passais par là. Avec un sourire mélancolique, j'ai imaginé sa femme qui disait : « Voilà Will qui passe. »

Avec le soutien de son mari aimant, au lieu de concentrer son attention sur ce qu'était sa réalité – une réalité confirmée par ses médecins –, cette merveilleuse femme avait choisi de penser d'abord et avant tout au bonheur qui l'entourait. Ce faisant, elle a repoussé la mort, célébré la vie et touché le cœur de millions de gens.

La vie n'a rien à voir avec l'endroit où vous vous trouvez, mais tout à voir avec la direction dans laquelle vous avancez. Et c'est votre regard qui détermine cette direction.

Dès notre première respiration, nous empruntons le chemin menant à notre mort. Quand arriverons-nous à destination ? Nous l'ignorons. Ce qu'il y a de tragique, ce n'est pas de mourir, mais de n'avoir jamais vécu. De n'avoir jamais pris plaisir à nous trouver où nous sommes.

Nous avons tendance à repousser le bonheur au lendemain. Quand tous nos problèmes seront résolus, nous serons heureux. Sachez que le seul jour où vous n'aurez plus aucun problème

> *« Quelle vie merveilleuse fut la mienne ! Si seulement je m'en étais rendu compte plus tôt. »*
>
> — COLETTE

sera celui de votre dernier soupir. Jusque-là, les luttes et les difficultés ne manqueront pas, alors mieux vaudrait que vous preniez la décision – oui, oui, la décision – d'être heureux.

Durant un voyage en Chine, j'ai dîné avec des représentants de mon éditeur chinois, Beijing Bookey. L'un des convives m'a raconté une très ancienne histoire chinoise à propos d'une femme qui était toujours malheureuse.

Selon la légende, cette femme avait deux fils. Pour gagner leur vie, l'un vendait des parapluies, l'autre du sel.

Tous les matins, la femme se levait et regardait par sa fenêtre. S'il faisait soleil, elle se plaignait : « C'est terrible, personne ne va acheter de parapluie à mon fils. » S'il pleuvait, elle se plaignait aussi : « C'est mauvais ! Personne ne viendra acheter de sel à mon fils. »

Après des années de dépression, elle a fini par consulter un moine bouddhiste pour lui demander comment trouver le bonheur. La réponse du moine a été simple et profonde : « Changez votre manière de voir les choses. S'il pleut, remerciez le ciel parce qu'il y aura une demande pour les parapluies de votre fils. S'il fait soleil, remerciez-le parce que les gens viendront acheter le sel de votre autre fils. »

Elle a suivi son conseil, et sa vie s'est rapidement transformée. La seule chose qui ait changé, c'était sa perspective, mais tout est dans la perspective. Lorsque l'on change sa vision du monde, on voit de nouvelles choses et on voit d'une nouvelle façon d'anciennes choses. Les plaintes chroniques gardent le regard braqué sur tout ce qui va mal. En s'affranchissant des plaintes, on peut voir qu'on a beaucoup de raisons d'être heureux.

Bien sûr, il faut un peu d'aveuglement pour être heureux, mais il en faut aussi pour être malheureux. Le philosophe britannique d'origine autrichienne Ludwig Wittgenstein a dit : « Le monde de l'homme heureux est un autre monde que celui de l'homme malheureux. »

La vie est une illusion. Notre perspective est une illusion. Choisissez l'illusion qui vous apporte la seule chose qui compte – choisissez d'être heureux.

PARTIE 4
COMPÉTENCE INCONSCIENTE

CHAPITRE 9
Maîtrise

Le soleil m'éblouissait ; je voyais à peine assez bien
Pour exécuter la tâche qu'on m'avait confiée.
J'avais commencé à me plaindre de cette lumière trop brillante,
Quand j'ai tout à coup entendu le bruit d'une canne blanche.
— EARL MUSSELMAN

Il existe plusieurs espèces de poissons aveugles, dont la plupart se trouvent, aux États-Unis, dans les avens du delta du Mississippi. Chez ces poissons aveugles, qui mesurent une douzaine de centimètres de longueur, la pigmentation est faible ou absente. Les spécialistes supposent que les ancêtres de ces poissons ont été emprisonnés dans des grottes après des mouvements de la masse terrestre ou de cours d'eau. Plongés dans l'obscurité, ces poissons se sont adaptés à leur environnement et se sont bien développés.

Au fil des générations, ces espèces de poissons ont cessé de produire la pigmentation qui protège la peau contre le soleil, puisque cela n'était plus nécessaire, et ont fini par donner naissance à une progéniture dépourvue d'yeux.

VOIX

Il y a quatre ans, Ben, mon fils aîné de 23 ans, policier, a subi une hémorragie cérébrale tandis qu'il était au volant. Je vous épargne les détails ; pour nous, le chemin a été long, mais toute ma famille l'a parcouru avec une immense confiance en Dieu et avec un amour inconditionnel.

Ben est en cours de rétablissement (tous ses médecins avaient déclaré qu'il ne s'en sortirait pas) et il accepte ses handicaps avec une sérénité qui nous sert d'exemple à tous. La grâce de Dieu est active et croît en lui.

Même s'il présente une légère aphasie et une faiblesse du côté droit, et si son cerveau fonctionne un peu plus lentement qu'avant, Ben continue d'aller mieux – tout cela sans jamais se plaindre. C'est pour cela que j'ai commandé les bracelets. Si Ben peut porter sa croix sans se plaindre, sa famille devrait le pouvoir aussi. Je veux que tous ceux qui ont contribué au rétablissement de Ben reçoivent un bracelet.

Je vous remercie du fond du cœur et vous souhaite BONNE CHANCE dans votre mission. Vous avez changé les choses !

— Noreen Kepple,
Stonington, Connecticut

Lorsque vous aurez passé les mois nécessaires à vous affranchir des plaintes, vous constaterez que vous avez changé. Comme les poissons aveugles ont cessé au fil des générations de produire pigmentation et yeux, votre esprit aura cessé de générer des torrents de négativité. Du fait que vous n'articulez plus de pensées négatives, la petite fabrique de plaintes dans votre esprit a cessé de fonctionner. Vous avez fermé le robinet ; le puits est sec. En changeant vos mots, vous avez remodelé votre manière de penser. Votre compétence (vous ne vous plaignez plus) est devenue inconsciente (vous ne vous en rendez pas compte).

Au cours d'un séminaire sur l'affranchissement des plaintes, j'ai voulu que mon auditoire sente tout le poids et toute la négativité de l'énergie qui règne dans la salle lorsque tout le monde se plaint. Je voulais aussi que mes auditeurs s'entraînent à faire passer leur bracelet d'un poignet à l'autre à chaque plainte. Je leur ai donc demandé de se diviser en équipes de deux. Dans chacune des équipes, les membres se plaindraient tour à tour et changeraient leur bracelet de poignet.

Voyant qu'une femme n'avait pas de coéquipier, je lui ai proposé de faire l'exercice avec elle. C'est elle qui a commencé : elle s'est plainte de sa mère. Après avoir passé son bracelet sur l'autre poignet, elle m'a regardé, en me faisant signe que c'était à mon tour de me plaindre. Je suis resté silencieux. Je n'arrivais pas à penser à quelque chose dont j'aurais pu me plaindre. Même si j'arrivais à me rappeler quelque chose, j'ai senti que c'était extrêmement difficile pour moi de traduire cela en mots.

Après plusieurs mois passés à surveiller chaque mot que je disais, mon esprit avait changé. La fabrique de plaintes de mon cerveau était fermée. En outre, j'avais concentré tellement d'énergie à me surveiller et à m'empêcher de me plaindre que j'avais le sentiment que je serais peut-être foudroyé dès que je formulerais ma première plainte.

J'avais atteint le stade de la Compétence inconsciente. J'étais devenu par rapport aux plaintes ce que les poissons aveugles sont devenus par rapport à la lumière. J'avais perdu la capacité de me plaindre. Plus important encore, je constatais que j'étais beaucoup plus heureux depuis que j'avais fait l'effort de me transformer.

C'est pourquoi nous offrons un « Certificat de bonheur » plutôt qu'un « Certificat de libération des plaintes » lorsque quelqu'un réussit à relever le défi des 21 jours. Nous voulions reconnaître la véritable transformation qui se produit alors, parce

> *« Personne n'a jamais atteint de sommet en se plaignant. »*
>
> — FRANK PERDUE

que, chez ceux qui ont tenu bon, c'est l'expérience d'un bonheur accru qui s'est révélée universelle.

Quand vous aurez réussi à relever le défi des 21 jours, allez sur notre site Web, AComplaintFreeWorld.org, pour télécharger votre certificat. Vous aurez accompli quelque chose de fantastique, et votre vie reflétera vos efforts de manière positive et excitante.

À l'étape de la Compétence inconsciente, vous n'êtes plus un « aïe » en quête de douleur. Vos pensées se fixent désormais sur ce que vous voulez, et vous commencez à remarquer comment ce que vous désirez se manifeste. Non seulement vous êtes plus heureux, mais les membres de votre entourage semblent l'être eux aussi. Vous attirez autour de vous des gens optimistes, et votre nature positive les inspire à atteindre un niveau encore plus haut sur les plans mental et affectif. Pour paraphraser Gandhi, je dirais que vous vivez ce que vous voulez que les autres apprennent à vivre. Quand quelque chose va bien pour vous, vous pensez immédiatement : « Bien entendu ! » Et si une difficulté se présente, vous refusez d'y accorder de l'énergie, donc d'en parler aux autres ; vous préférez y chercher un bienfait et, ce faisant, vous le trouvez.

C'est aussi une fois arrivé au stade de la Compétence inconsciente que vous verrez à quel point vous vous sentirez mal à l'aise lorsque quelqu'un de votre entourage commencera à se plaindre. Vous aurez l'impression de sentir une odeur très désagréable se répandre soudain dans la pièce. Du fait que vous aurez consacré beaucoup de temps à vous empêcher de vous plaindre, une plainte émise en votre présence aura l'effet d'un coup de cymbale déchirant un moment de silence sacré. Même si le ronchonnement du plaignard vous déplaît, vous ne vous sentirez pas obligé de le corriger. Vous vous contenterez d'observer la situation et, comme vous n'émettez ni critique ni plainte, le plaignard n'éprouvera pas le besoin de justifier son comportement et de le maintenir.

Vous commencerez à éprouver de la gratitude pour les choses les plus insignifiantes, même pour ce que vous teniez pour acquis. En ce qui me concerne, je me souviens d'avoir pensé : «Si j'avais su la dernière fois que je me suis brossé les cheveux que ce serait en fait la *dernière* fois, j'aurais savouré ce geste davantage.» (Si vous ne comprenez pas cette réflexion, regardez ma photo sur la couverture du livre.) En vous installant de plus en plus confortablement dans cet état de Compétence inconsciente, vous constaterez que votre état d'esprit habituel vous fait apprécier tout ce que vous avez. Bien sûr, il vous restera des choses à désirer, ce qui est bon. Avec votre nouvelle énergie positive, vous pourrez visualiser dans votre esprit ce que vous désirez, sachant que ce désir a déjà commencé à être satisfait.

Il est probable que votre situation financière s'améliorera aussi. L'argent n'a aucune valeur en soi. Il ne s'agit que de bouts de papier et de pièces qui représentent de la valeur. Quand vous commencerez à vous accorder plus de valeur, à vous et à votre monde, vous vibrerez à une fréquence qui vous attirera des avantages financiers. Les gens voudront vous donner des choses que vous auriez peut-être dû payer dans le passé. Je connais un homme qui a profité gratuitement d'un certain nombre de services professionnels simplement parce que les gens qui les lui fournissaient l'appréciaient et aimaient l'énergie qu'il dégageait. Cela peut vous arriver à vous aussi.

> «Quel est l'homme qui ne se trouve pas plus grand lorsqu'il regarde au-dessous de lui.»
>
> — HITOPADÉSA

Soyez attentif au moindre geste de bienveillance ou de générosité, et soyez-en reconnaissant. Si quelqu'un tient une porte ouverte pour vous laisser passer ou vous offre de transporter quelque chose, voyez ce geste comme un bienfait de l'abondance de l'Univers ; ce faisant, vous vous en attirerez d'autres.

Il se fait tout simplement que les gens heureux et positifs sont de bien meilleure compagnie que les autres. Quand vous serez devenu comme eux, votre situation financière pourra s'améliorer grâce à des augmentations de salaire ou à de plus belles occasions d'emploi.

Trois facteurs influent sur le niveau des revenus d'un individu :

1. La demande pour ce qu'il fait
2. Sa compétence dans ce qu'il fait
3. La difficulté de le remplacer

Toute personne peut être formée pour exécuter à peu près n'importe quelle tâche, mais celui qui rayonne et répand la joie dans son milieu de travail vaut son pesant d'or.

J'ai jadis travaillé dans une station de radio à Seattle, dans l'État de Washington. Notre réceptionniste, Martha, avait le sourire le plus large, le plus radieux et le plus sincère que j'aie vu dans ma vie. Authentiquement heureuse et serviable, elle avait toujours quelque chose de positif à dire à chacun. Nous pouvions tous sentir sa présence dans le bureau ; tous les employés étaient plus joyeux et productifs quand Martha était là.

Quelques années après avoir quitté ce poste, je suis retourné à la station pour voir quelques amis. Il y avait quelque chose de différent. Dans le hall de réception, je sentais que l'énergie et l'ambiance avaient changé. C'était comme si quelqu'un avait repeint tous les murs d'une couleur plus foncée, ou peut-être que l'éclairage était défectueux.

J'ai demandé où était Martha.

La directrice des ventes a soupiré : « Elle nous a quittés pour aller travailler dans une entreprise qui la paie plus du double de ce que nous lui donnions. » Balayant lentement le bureau du regard, elle a ajouté, en fronçant les sourcils : « Cette entreprise a fait une bonne affaire ! »

Le tempérament optimiste de Martha et sa bonne humeur contagieuse illuminaient tous les employés de la station. Son départ avait fait baisser le degré général de bonheur et de productivité. Les vendeurs affirmaient que les plaintes des clients avaient augmenté en nombre et en aigreur depuis que Martha n'était plus là pour jeter son baume apaisant sur les clients ulcérés qui téléphonaient à la station.

L'un des plus grands bienfaits que vous apportera l'élimination des plaintes, c'est l'effet que vous exercerez sur votre famille. Vos enfants auront tendance non seulement à imiter votre comportement, mais aussi à adopter votre perspective sur la vie. Vous les entraînerez dans votre élan, et ils commenceront à voir les choses comme vous les voyez.

Enfant, j'observais mon père dans la cuisine. Chaque fois qu'il préparait un repas, il se mettait sur l'épaule gauche un torchon qu'il appelait son « torchon de cuisinier ». Le torchon était toujours à portée de main s'il devait enlever une casserole chaude du feu ou s'essuyer les mains. Aujourd'hui, quand je cuisine, vous me verrez toujours porter mon propre « torchon de cuisine » sur l'épaule gauche, comme le faisait mon père.

Mon père avait peut-être vu le sien faire cela et l'imitait, qui sait ? Tout ce que je sais, c'est que je fais comme lui, et c'est devenu une habitude si bien enracinée que je n'y pense même plus. Mon père n'a jamais cherché à me transmettre cette petite singularité ; c'est son comportement qui a déteint sur moi.

En tant que parent, grand-parent, oncle ou tante, vous aussi modelez le comportement futur des enfants à un âge où ils sont impressionnables. Les enfants acquièrent des similarités avec les adultes qu'ils observent. Vous savez désormais à quel point les plaintes sont dommageables. Souhaitez-vous vraiment que vos enfants deviennent des plaignards chroniques ? Voulez-vous que leur vision du monde soit morose et qu'ils se sentent comme des victimes impuissantes ?

Il n'y a pas si longtemps, après une allocution, une femme s'est approchée de moi et m'a demandé : « Qu'est-ce que je peux faire pour que mes satanés enfants cessent de ronchonner à propos de tout ? » Elle s'est ensuite plainte avec beaucoup de détails de tous les problèmes que lui causaient ses enfants.

« Peut-être devriez-vous vous-même cesser de vous plaindre », ai-je répondu à la femme. La mine défaite, elle comprenait que ses enfants ne faisaient que refléter son attitude à elle.

Elle m'a lancé un regard exaspéré : « Je ne me plaindrais pas si ce n'était de ces fichus enfants ! »

Aaah !

J'en suis conscient, avant d'adopter un style de vie exempt de plaintes, j'enseignais par l'exemple à ma Lia que la table du dîner familial était l'endroit où on pouvait se plaindre et potiner. Je suis tellement heureux que l'heure des repas soit aujourd'hui devenue le moment idéal de parler de tout ce qui a bien été durant la journée. C'est cela que je voudrais lui transmettre, pour qu'elle le transmette ensuite à ses enfants, et ses enfants aux leurs.

Quelqu'un qui ne se plaint pas a tendance à obtenir plus facilement ce qu'il souhaite simplement parce que les gens sont plus disposés à aider une personne agréable qu'une personne qui les sermonne et les réprimande. À présent que vous vous êtes libéré des plaintes, les gens auront envie de travailler avec vous et pour vous, et vous accomplirez et recevrez davantage que dans vos rêves les plus fous. Laissez le temps faire son œuvre, préparez-vous, cela va vous arriver.

On me dit souvent : « Que vais-je faire pour les causes sociales qui me passionnent ? Comment vais-je contribuer à provoquer un changement positif si je ne me plains pas ? » Comme nous l'avons dit plus tôt, tout changement est déclenché par une insatisfaction. Il commence avec quelqu'un comme vous, qui perçoit l'écart entre ce qui est et ce qui peut être. L'insatisfaction est le début, mais elle ne peut pas être la fin.

Si vous vous plaignez d'une situation, vous arriverez peut-être à attirer à vous d'autres personnes, mais vous ne pourrez pas accomplir grand-chose parce que votre attention sera concentrée sur le problème plutôt que sur sa solution. Distinguez ce qu'il y a à faire et commencez à parler de ce que sera la situation une fois le problème réglé. Vous susciterez chez les autres un enthousiasme qui les incitera à se joindre à vous pour améliorer les choses.

Un autre bienfait à gra-
tifier la personne qui s'est
affranchie des plaintes,
c'est qu'elle ressent moins
souvent la colère et la peur.
La colère est une peur diri-
gée vers l'extérieur. Du fait

que vous ne serez plus une personne craintive, vous attirerez
dans votre vie moins de personnes colériques ou craintives.

Dans *Le Siège de l'âme*, l'auteur à succès Gary Zukav écrit que
« la plainte est une forme de manipulation ». Comme nous l'avons
vu au chapitre 4, on formule souvent des plaintes pour manipuler les gens et exercer un pouvoir sur eux.

J'ai un ami qui est ministre du culte dans une petite ville. Un
consultant de l'organisme d'accréditation de sa religion lui a
rendu visite afin de l'aider à augmenter le nombre de ses fidèles.

« Trouvez quelque chose qui fasse peur à vos ouailles, lui a
dit le consultant. Servez-vous-en ensuite pour les mettre en
colère. Elles se plaindront de la situation entre elles et s'en plaindront à d'autres. Cela les unifiera et attirera d'autres personnes
dans notre Église. »

Cette approche a semblé manquer d'intégrité à mon ami, qui
considérait que son ministère avait pour but de servir ceux qui
avaient besoin de lui, et non pas d'exciter la colère des gens. Il a
téléphoné à un collègue pour lui demander quel avait été l'effet
de cette campagne de peur dans son église.

« Elle a bien marché, lui a-t-il répondu. Elle nous a amené
beaucoup de nouveaux fidèles. Malheureusement, ce sont des
gens pleins de colère et de peur, qui se plaignent sans cesse, et je
suis maintenant obligé de traiter avec eux. »

L'organe de direction de sa religion a poussé mon ami à
suivre l'avis du consultant, mais mon ami a refusé. Il a démis-
sionné de son poste de ministre principal de son Église pour
devenir aumônier dans un hôpital. Il vit dans l'intégrité et il est
heureux.

Si vous voulez voir un bel exemple du recours aux plaintes en vue d'obtenir du pouvoir, regardez *The Music Man*, grand classique du cinéma qui met en vedette Robert Preston. Preston y joue le rôle d'un vendeur bonimenteur sans scrupules, le professeur Harold Hill, qui colporte des instruments de fanfare. À son arrivée à River City, en Iowa, il demande à un vieil ami, interprété par Buddy Hackett, s'il se passe à River City quelque chose dont il pourrait se servir pour faire peur aux gens. Hackett lui répond que la dernière grande nouvelle du coin, c'est que la première table de billard vient d'arriver en ville.

Le professeur Hill s'empare de la nouvelle. Il interprète une chanson qui attise chez les gens la peur de la délinquance et de la dégradation qu'il associe au jeu de billard.

La solution de Hill pour contrer la «corruption morale» et l'«hystérie collective» qu'entraîne le billard consiste à créer une fanfare pour tous les jeunes gens. Harold Hill, colporteur hors du commun, peut sauver la ville en vendant à tout le monde des instruments et des uniformes de fanfare. Il se plaint et sème la peur pour manipuler les villageois à son profit.

Zukav a raison. Les plaintes sont une manipulation de votre énergie et, maintenant que vous vous êtes affranchi des plaintes, vous vous en rendrez compte chaque fois que quelqu'un usera de sa négativité pour vous manipuler.

Mon premier travail quand j'ai quitté l'université a été de vendre de la publicité à la radio. Mon patron m'a appris que, dans la formulation de mes messages publicitaires, je devais toujours inclure deux éléments susceptibles d'inciter les gens à faire un achat.

«Quels sont-ils? lui ai-je demandé.

— La peur et le désir, m'a-t-il répondu. Si tu veux que les gens achètent quelque chose, tu dois leur faire redouter ce qu'il arrivera s'ils ne l'achètent pas, et leur faire miroiter la joie qu'ils ressentiront s'ils l'achètent.»

Candidement, je l'ai regardé en silence.

«Si tu ne peux les convaincre du grand avantage que procure l'achat du produit, a-t-il ajouté, tu peux au moins leur faire craindre ce qui se passera s'ils ne l'achètent pas. Ça marche à tout coup!»

Comme le faisait le professeur Harold Hill, les gens essaieront en semant la peur et à coups de plaintes de vous pousser à faire ce qu'ils veulent.

> «*Exprimer sa colère intensifie l'agressivité au lieu de la réduire.*»
>
> — BRAD BUSHMAN

« Mais n'est-il pas sain de se plaindre ? » demande-t-on souvent.

Lorsqu'on m'interviewe sur le phénomène d'Un Monde sans plaintes, les médias veulent souvent inviter aussi un psychologue qui considère les plaintes comme un outil menant à une meilleure santé physique et émotionnelle. Quand cela arrive, je leur rappelle que mon intention n'est pas de faire changer les gens. S'ils veulent se plaindre, qu'ils le fassent! En outre, pour être bien clair, je répète que je ne prône pas le silence lorsqu'il y a quelque chose que vous pouvez corriger ou améliorer. Ne vous retenez pas. Ne rongez pas votre frein, mais tenez-vous-en aux faits et ne vous adressez qu'à la personne qui peut régler la situation.

Ne protestez pas contre un problème; parlez en faveur de sa solution.

En ce qui concerne la théorie voulant que les plaintes soient bonnes pour la santé, rappelez-vous ma définition d'une plainte : « énoncé *énergétique* concentré sur le problème plutôt que sur la solution recherchée ». En règle générale, l'énergie contenue dans une plainte est celle d'un vif mécontentement. Et un « vif mécontentement », ça ressemble beaucoup à un « violent mécontentement », qui est la définition de la colère. La plainte, par conséquent, est souvent l'expression de la colère.

Il existe un mythe selon lequel il serait sain d'exprimer sa colère. Mais c'est bel et bien un mythe.

Brad Bushman, professeur-chercheur à l'Institut de recherche sociale de l'Université du Michigan, après 25 années de recherches sur la colère, affirme ceci : « Nos recherches indiquent clairement qu'exprimer sa colère intensifie l'agressivité au lieu de la réduire. »

Dans un article paru dans *The Inquisitive Mind – Social Psychology for You* (in-mind.org), Bushman écrit ceci sur la théorie de la catharsis – terme de psychologie pour l'expression de la colère :

> *Selon la théorie de la catharsis, du fait que l'expression de la colère produit une saine décharge émotionnelle, elle est bonne pour la psyché. Cette théorie, qui remonte à Sigmund Freud et à Aristote, est élégante et attirante. Malheureusement, rien dans les faits ni dans les recherches ne permet de conclure que l'explosion de colère a une quelconque valeur positive. Elle fait du tort à soi et aux autres.*

Penn et Teller, les magiciens de Las Vegas qui se sont autoproclamés démystificateurs publics, ont demandé à Brad Bushman de prouver cette affirmation durant leur émission *Bulls**t !* sur le réseau Showtime.

Bushman a invité six étudiants universitaires à participer à une expérience psychologique. On les a installés chacun dans sa petite pièce, avec un stylo et du papier, et on leur a demandé de rédiger une dissertation sur un sujet de leur choix. Au bout d'une demi-heure, John, l'adjoint à la recherche de Bushman, a ramassé leurs dissertations en leur disant qu'un autre étudiant noterait leur travail.

En réalité, il n'y avait pas d'autre étudiant. C'est John qui a écrit au marqueur rouge sur chaque essai : « F ! Pire essai jamais lu ! » Il a ensuite rendu à chacun son travail. Dans la vidéo, on peut voir l'expression de la colère qu'ont ressentie les étudiants en recevant une si dure critique de leur travail.

John a ensuite remis un coussin à trois des étudiants et leur a demandé de donner des coups de poing dans le coussin pendant plusieurs minutes pour libérer la colère causée par l'incident.

Les trois autres étudiants – le groupe témoin – devaient simplement s'asseoir tranquillement et calmer leurs émotions.

John est ensuite allé retrouver les étudiants dans leurs salles individuelles pour leur dire qu'ils auraient l'occasion de se venger de l'étudiant qui avait noté leurs dissertations. Rappelez-vous que cet étudiant n'existait pas ; c'était l'adjoint de Bushman qui avait noté et commenté les travaux à l'insu des cobayes.

Dans chacune des salles, John a apporté un plateau sur lequel se trouvaient un verre et une bouteille de sauce particulièrement piquante, en informant chaque étudiant qu'il pouvait décider de la quantité de sauce piquante que devrait boire l'« autre étudiant » fictif. Quand les étudiants ont eu versé dans le verre la quantité de sauce qu'ils souhaitaient, les verres ont été pesés.

Fait intéressant à noter : les étudiants qui avaient frappé le coussin et avaient ainsi ostensiblement libéré leur colère ont versé dans le verre beaucoup plus de sauce piquante que ceux du groupe témoin.

Réfléchissez un instant. La théorie de la catharsis si populaire nous laisserait supposer que les étudiants qui avaient frappé les coussins se seraient libérés de leur colère, qu'ils se seraient débarrassés de leurs démons, entre autres clichés. Cependant, dans la réalité, ceux qu'on avait invités à décharger leur colère sans retenue avaient justement retenu plus de colère et de ressentiment que ceux à qui on avait donné l'occasion de se calmer pendant quelques instants.

Bushman affirme : « Les résultats de notre étude révèlent que les personnes qui déchargent leur colère sont environ deux fois plus agressives que ceux qui ne le font pas. »

Cette étude comportait une seconde partie qui démontrait d'une manière encore plus spectaculaire comment l'explosion de rage intensifie la colère au lieu de l'atténuer. On a remis à chaque étudiant une liste de mots dont certaines lettres manquaient et qu'ils devaient compléter. Cette liste comprenait les mots suivants :

C H O _ E
A T T _ C _
K I _ _
R _ P _

Les étudiants qui avaient frappé le coussin – qui auraient donc déchargé leur colère et, selon les idées reçues, auraient dû être plus calmes et plus sereins – ont eu tendance à compléter les mots ainsi :

C H O K E (étrangler)
A T T A C K (attaquer)
K I L L (tuer)
R A P E (violer)

Tandis que les étudiants à qui on avait donné le temps de se calmer pendant quelques instants les ont complétés ainsi :

C H O S E (choisit)
A T T A C H (attacher)
K I T E (cerf-volant)
R O P E (corde)

Les étudiants qui ont frappé les coussins ont complété des mots neutres partiels avec des lettres qui ont créé des mots évoquant de la violence. Selon Bushman, « l'agressivité devient plus probable après qu'on a déchargé sa colère ». Bref, toute cette idée de laisser s'exprimer sa colère est un mythe qui a été accepté et popularisé depuis des décennies par des conseillers, par des psychologues et par les médias.

« Si vous êtes en colère, comptez jusqu'à dix avant de parler, et jusqu'à cent, si vous êtes bien en colère. »

— THOMAS JEFFERSON

Bien entendu, il y a des gens qui sont renfermés sur le plan émotionnel et qui doivent entrer en contact avec leurs sentiments refoulés. Cela peut se faire avec l'aide d'un thérapeute ou d'un conseiller qualifié. Cependant, l'idée voulant qu'une personne en bonne santé sur le plan affectif qui vit un événement stressant ou bouleversant doive frapper des coussins, hurler, lancer des objets ou autrement «faire sortir» ses émotions n'est pas fondée scientifiquement.

Il y a quelque temps, j'ai écrit sur la page Facebook d'Un Monde sans plaintes que la théorie selon laquelle il fallait décharger sa colère était un mythe; j'ai été immédiatement attaqué par les «experts». Les bienfaits de l'explosion de colère sont une croyance populaire trompeuse, à laquelle les gens s'accrochent désespérément, et qui se perpétue d'elle-même. Comme le dit l'auteur à succès Malcolm Gladwell, la théorie de la catharsis est «devenue collante», et on ne peut donc plus s'en débarrasser dans notre système commun de croyances.

Rappelez-vous que lorsque Copernic a publié *De revolutionibus orbium coelestium* (*Des révolutions des orbes célestes*), dans laquelle il avançait que la Terre tournait autour du Soleil et non l'inverse, il a été attaqué par les experts de l'époque.

Dans les médias et de la part d'un groupe de prétendus experts, nous entendons que «décharger sa colère» est nécessaire et nous suivons leur conseil. Dans un article intitulé *Catharsis, Aggression, and Persuasive Influence: Self-Fulfilling or Self-Defeating Prophecies?*, coécrit pas Brad Bushman, Ray F. Baumeister et Angela D. Stack, vous pourrez lire ceci: «Les participants qui ont lu un message en faveur de la théorie de la catharsis prétendant qu'un geste agressif constitue un bon moyen de se détendre et d'atténuer la colère ont par la suite manifesté une plus grande envie de donner des coups de poing sur un sac de sable.»

Autrement dit, lorsque quelqu'un affirme que décharger sa colère est nécessaire pour la santé mentale, nous ne mettons pas en doute la véracité de ses propos; nous cherchons des occasions d'envoyer des coups, pensant que cela améliorera notre santé mentale.

C'est pourtant faux.

Je comprends que remettre en question cette idée crée la controverse pour beaucoup de gens, parce que c'est une idée très largement répandue. Cependant, même si des millions d'êtres humains ont cru pendant des milliers d'années que la Terre était plate, cela ne l'a pas empêchée d'être ronde. Ainsi, quel que soit le nombre de tenants de la théorie de la catharsis et quels que soient leurs diplômes universitaires, la croyance en cette théorie n'en fait pas une méthode efficace permettant de vivre plus heureux. Selon Bushman, elle aurait exactement l'effet contraire.

Posez-vous cette question : «Si décharger sa colère rendait plus heureux, ceux qui se plaignent tout le temps ne seraient-ils pas aussi les gens les plus heureux ?»

Bushman déclare ceci : «Les gens qui ont de la difficulté à gérer leur colère et qui consultent un thérapeute qui les incite à décharger leur colère devraient se trouver tout de suite un autre thérapeute.»

> Si décharger sa colère rendait plus heureux, ceux qui se plaignent tout le temps ne seraient-ils pas aussi les gens les plus heureux ?

Je ne suis pas psychologue ; je ne joue même pas le rôle de psychologue à la télévision. Mon expérience en la matière se fonde exclusivement sur la métamorphose de ma propre vie qui a eu lieu lorsque j'ai cessé de me plaindre constamment, ainsi que sur les témoignages des nombreuses personnes qui m'ont dit à quel point elles sont plus heureuses et en meilleure santé depuis qu'elles se sont affranchies des plaintes. Il me semble que si les plaintes constituaient un moyen de se garder en bonne santé, la santé des Américains compterait parmi les meilleures au monde. Malheureusement, malgré ce que certains considèrent comme le plus grand système médical de la planète, les États-Unis se classent *moins bien* que 93 % de tous les pays pour ce qui est du taux annuel par habitant de décès causés par des cardiopathies. Brad Bushman voit un lien derrière ces statistiques : « L'expression de la colère est liée à une augmentation du risque de cardiopathie. »

La population américaine lutte également contre l'hypertension, les accidents vasculaires cérébraux, le cancer et d'autres types de maladies.

Selon l'hypothèse de Michael Cunningham, Ph. D., psychologue à l'Université de Louisville, la propension de l'être humain à se plaindre découle probablement de l'habitude qu'avaient nos lointains ancêtres de crier un avertissement lorsqu'une menace planait sur la tribu.

« Nous, mammifères, sommes une espèce qui crie, dit-il. Nous parlons de ce qui nous dérange dans le but de nous faire aider ou de former un groupe qui organisera une contre-attaque. » Nous n'avons plus besoin de nous plaindre, mais nous n'avons pas encore cessé d'émettre des plaintes parce que, comme nous l'avons vu, nous en tirons des avantages sur les plans psychologique et social.

Se plaindre, c'est dire : « Quelque chose ne va pas. » Quand nous nous plaignons souvent, nous vivons dans un état perpétuel de « quelque chose ne va pas », ce qui intensifie le stress de nos vies. Imaginez

> *« On ne plaint jamais ceux qui ne se plaignent pas eux-mêmes. »*
>
> — JANE AUSTEN

si quelqu'un vous suivait partout et vous disait : « Attention ! » Ou bien : « Prends garde, quelque chose de mauvais va t'arriver ! » Ou encore : « Si quelque chose de mauvais t'est arrivé dans le passé, cela veut dire que ça t'arrivera à l'avenir aussi. » Ne seriez-vous pas un peu plus stressé dans la vie si ce quelqu'un vous mettait sans cesse en garde contre de possibles dangers ou pièges ?

Bien sûr que oui. Et quand vous vous plaignez fréquemment, la personne qui sonne l'alarme, c'est vous-même. Vous intensifiez votre stress en vous plaignant. Vous vous dites à vous-même que quelque chose ne va pas, et votre corps réagit par le stress.

Notre degré de stress collectif me fait penser aux élèves officiers de réserve de mon université. Chaque fois que l'un d'eux croisait un étudiant de troisième ou de quatrième année, l'élève officier devait se mettre au garde-à-vous rigide, c'est-à-dire serrer les coudes sur les côtés, rentrer le menton et tendre tout son corps, comme s'il se préparait à être agressé. Quand, à cause de nos plaintes, notre esprit se concentre sur ce qui va mal, notre corps réagit. Nous nous mettons au garde-à-vous physiquement et émotionnellement. Nos muscles se raidissent, notre pouls s'accélère et notre tension artérielle grimpe.

Pensez-vous que cela soit bon pour la santé?

Au palmarès des médicaments délivrés sur ordonnance les plus vendus aux États-Unis, selon un article publié le 27 février 2006 sur le site Forbes.com, les sept premières places sont occupées par des médicaments contre des maladies exacerbées par le stress. En 2010, on a dépensé aux États-Unis 308 milliards de dollars pour des médicaments prescrits pour la plupart contre des troubles liés au stress, comme la dépression, les brûlures d'estomac, les cardiopathies, l'asthme et l'hypercholestérolémie.

«Bon, bon, pensez-vous peut-être, je comprends que le fait de se plaindre augmente le stress et que le stress joue un rôle dans les cardiopathies, la dépression et les brûlures d'estomac, mais pas dans l'asthme ni dans l'hypercholestérolémie. »

Une étude menée par Andrew Steptoe, D. Sc., et ses collègues de l'University College London sur les effets du stress sur le taux de cholestérol sanguin a été rapportée en détail dans la revue *Health Psychology* (novembre 2005). Dans le cadre de cette étude, Steptoe et ses collègues ont mesuré le taux de cholestérol d'un groupe de participants, puis les ont placés dans des situations stressantes. Après l'expérience, les chercheurs ont de nouveau mesuré le taux de cholestérol de chaque participant et ont constaté qu'il avait considérablement augmenté. Oui, le stress fait monter le taux de cholestérol dans le sang.

En ce qui concerne l'asthme, Heather Hatfield, de la société WebMD, affirme ceci : « Quand le degré de stress commence à grimper [...], les symptômes de l'asthme peuvent s'accentuer. » Oui, le stress multiplie les crises d'asthme.

Parler à un psychologue ou à un autre conseiller des événements stressants que vous vivez afin de les digérer peut se révéler sain. Un bon psychologue peut donner à ces incidents un certain sens, vous inspirer de l'espoir et vous proposer des modèles de pensée qui vous aideront à mieux vivre. Cependant, décharger vos soucis sur un ami, un collègue, un parent ou un pur étranger peut donner lieu à une éruption de négativité qui vous attirera davantage de problèmes. Sans compter que ce geste peut vous associer à des personnes négatives qui risquent de vous entraîner dans leurs comportements.

Il y a des moments où nous avons tous besoin d'absorber et de digérer ce qui se passe dans notre vie afin d'avoir une emprise sur elle. Mais ce processus n'a rien à voir avec une plainte. Ce processus consiste à parler à quelqu'un de ce que vous avez ressenti à propos d'une situation, et non pas simplement à relater cette situation. Si votre patron crie après vous, vous aurez peut-être envie d'expliquer à votre partenaire de vie ce que vous avez ressenti à ce moment-là. Par exemple : « J'ai été surpris et triste quand mon patron a crié après moi. »

Durant le processus d'absorption et de digestion d'une expérience, veillez à ce que tous vos propos portent sur vos sentiments et non pas sur le déroulement de la situation. Recourez à des adjectifs qui qualifient des états émotionnels :

- Furieux
- Triste
- Content
- Heureux
- Fâché
- Effrayé
- Joyeux

Parlez à la première personne du singulier. Si vous dites: «Je sens de la peur quand tu fais cela», vous vous mettez au centre de l'expérience, et c'est cela absorber et digérer. Par contre, si vous lancez: «Je sens que tu es un pauvre type quand tu fais cela», vous ne faites qu'insulter l'autre personne en glissant un «je sens» avant le coup. C'est ce que vous ressentez qui révèle le mieux dans quelle mesure vous vivez en conformité avec votre soi supérieur; discuter de vos sentiments avec quelqu'un – sans mise en contexte interminable et sans artifices dramatiques – peut être sain.

Même chez un thérapeute, il importe de ne pas vous attarder sur la douleur causée par une expérience. Dans son article *Complaints and Complaining : Functions, Antecedents, and Consequences*, la psychologue Robin Kowalski raconte comment elle a constaté que le fait de parler de problèmes en augmente la fréquence. Je résume: elle estime que, plus on les signale, plus les symptômes augmentent.

Un bon thérapeute sait combien de temps et d'énergie il faut consacrer au passé et comment vous aider à vous servir de celui-ci pour vous créer un avenir plus souhaitable. La thérapie est souvent un outil fantastique grâce auquel vous comprendrez mieux le fonctionnement de votre esprit et commencerez à user du pouvoir que vous avez de choisir vos pensées et d'ainsi créer la vie que vous désirez vivre.

Dans sa pièce intitulée *Fiction*, Steven Dietz fait dire à l'un de ses personnages: «Les écrivains n'aiment pas écrire; ils aiment avoir écrit.» De même, il est rare que l'être humain aime changer, mais il aime avoir changé. Si difficile que cela ait pu être, vous avez été déterminé, et vous avez consacré le temps et l'effort nécessaires pour changer votre bracelet de poignet, et accepté de repartir à zéro chaque fois. Vous êtes une nouvelle personne. Vous avez changé, et cette transformation sera durable. Oliver Wendell Holmes, le célèbre juge à la Cour suprême des États-Unis, a un jour dit: «Un esprit qui s'est élargi pour accueillir une idée nouvelle ne revient jamais à sa dimension originelle.» Vous avez réussi.

Si vous avez lu le présent chapitre avant d'avoir réussi à relever le défi des 21 jours consécutifs sans plaintes, que ses pages constituent pour vous la promesse de ce qui vous attend ; comme je l'ai si souvent répété, persévérez !

> « Un esprit qui s'est élargi pour accueillir une idée nouvelle ne revient jamais à sa dimension originelle. »
>
> — OLIVER WENDELL HOLMES

Vous pouvez réussir.

Selon un vieux dicton, lorsqu'on est dans un trou, on cesse de creuser. Si votre vie n'a pas été jusqu'à présent à la hauteur de vos attentes, cessez de creuser à coups de plaintes le trou dans lequel vous vous trouvez déjà.

Dans le prochain chapitre, vous entendrez des gens raconter comment ils ont réussi à relever le défi des 21 jours consécutifs sans plaintes et quel effet cette réussite a eu sur leur vie.

CHAPITRE 10
Champions du défi
des 21 jours

Aucun prix à payer n'est trop élevé pour
qu'on acquière le privilège de se posséder.
— **FRIEDRICH NIETZSCHE**

Le présent chapitre a été écrit par quelques-unes des milliers
de personnes qui ont relevé le défi et qui ont réussi à force de
persévérance. Nous aimons les appeler nos Champions des
21 jours et nous leur dédions le chapitre.

Au cours de la lecture de leurs récits, soyez attentif aux
thèmes qui se répètent; voyez aussi si vous trouvez dans leurs
histoires des ressemblances avec vos propres expériences.

· ·

CATHY PERRY
(Enseignante suppléante)

Mon 21e jour passé sans me plaindre a été le 24 avril – c'est-à-dire
quelque 10 mois après le premier jour où j'ai porté mon bracelet
pourpre. Durant cette période, j'ai abandonné et recommencé de
nombreuses fois. Il m'a fallu plusieurs semaines rien que pour
vivre une journée complète sans me plaindre. Mais la tâche est
devenue beaucoup plus facile pour moi lorsque mon mari a lui

aussi décidé de porter le bracelet. Il est utile de relever le défi avec quelqu'un d'autre parce que l'on peut se soutenir mutuellement.

Le défi m'a ouvert les yeux : j'ai vu à quel point je me plaignais souvent. C'était vraiment une question de prise de conscience de mes pensées et de mes paroles. Dès que j'ai compris sur quoi mon attention était vraiment concentrée, j'ai pu changer ce que je pensais de moi-même, des autres et des situations dans lesquelles je me trouvais chaque jour. Cela a été un processus de transformation. Au lieu de me lamenter jour après jour – je suis fatiguée, je ne dors pas assez, je n'ai pas le temps de faire tout ce que j'ai à faire –, j'ai commencé à bien dormir et à bien me sentir. En concentrant mon attention sur autre chose qu'auparavant, il m'est devenu plus facile de rester positive, et j'ai continué de me sentir mieux à mesure que les effets de ma pensée positive se sont répercutés dans toutes les dimensions de ma vie. J'ai plus d'énergie qu'avant. Je suis plus heureuse et beaucoup plus détendue. Les relations avec ma famille se sont améliorées ; dans nos rapports quotidiens, j'entends plus de compliments que de plaintes. Notre foyer est désormais une oasis de paix.

> « *Notre foyer est désormais une oasis de paix.* »
>
> — CATHY PERRY

Le défi des 21 jours consécutifs sans plaintes n'est pas facile. Il faut du temps et des efforts déterminés pour vivre ne serait-ce qu'une première journée sans se plaindre une seule fois. Mais cela devient plus aisé dès que vos habitudes et votre mode de pensée commencent à changer. La clé du succès, c'est la persévérance.

Le défi pour moi ne consistait pas seulement à cesser de me plaindre ; je voulais aussi transformer les plaintes en expressions de gratitude pour tout ce que la vie m'a donné. Je vois aujourd'hui les bonnes choses de la vie au lieu de ne voir que des sujets de plainte.

DON PERRY
(Concepteur de ponts)

Ma femme s'est attaquée au défi des 21 jours en juillet dernier; lorsqu'elle me l'a annoncé, j'étais curieux. J'ai remarqué qu'elle changeait et j'ai décidé de porter moi aussi un bracelet pourpre. Je l'ai porté pendant huit semaines avant de vivre une journée complète sans me plaindre. Il m'a fallu cinq mois de plus pour boucler les 21 jours consécutifs.

Durant le défi, je me suis rendu compte que mes plaintes influaient sur mon humeur et que j'étais devenu pessimiste à propos de bien des choses. J'ai été étonné d'apprendre comment les membres de mon entourage ressentaient ma négativité. Un jour au bureau, mon patron m'a demandé ce qu'était ce bracelet pourpre. Quand je lui ai dit qu'il s'agissait du défi des 21 jours sans plaintes, il a eu l'air content et m'a dit: «Quand tu commences à tempêter, Don, c'est effrayant!»

Quand j'ai relaté cette histoire aux membres de ma famille, ils ont dit eux aussi que j'étais effrayant et qu'ils avaient souvent envie de quitter la pièce quand j'«explosais» en lisant le journal ou en regardant la télévision.

Je comprends maintenant que, au travail, la plupart de mes colères et de mes plaintes résultaient de mon sentiment d'insécurité. Je me plaignais à qui voulait bien m'entendre de ma charge de travail et des échéances qui approchaient parce que je n'étais pas sûr de tout terminer à temps. Et si je ne pouvais pas terminer toutes mes tâches dans les délais, est-ce que cela voulait dire que je n'étais pas à la hauteur de mon poste? Par conséquent, je me plaignais parce que j'avais peur et que j'étais en colère. Aujourd'hui, je me dis qu'il y aura toujours beaucoup de travail à abattre, et faire de mon mieux est suffisant.

Cette prise de conscience m'a aidé à accepter le fait que je ne puisse pas contrôler tout ce qui arrive dans mon travail ou dans d'autres aspects de ma vie, et que mes plaintes soient impropres à améliorer la situation. J'ai constaté que moins je m'en plaignais, moins je m'en inquiétais. En cessant de m'inquiéter de manière obsessionnelle, j'ai pu savourer davantage le temps passé à la maison et devenir quelqu'un de plus détendu.

> «Mon patron m'appelle maintenant Monsieur Soleil.»
>
> — DON PERRY

Le défi des 21 jours m'a aidé à être plus heureux dans mes relations professionnelles et familiales. Mon attitude négative était contagieuse et toxique; ma nouvelle attitude positive est elle aussi contagieuse, mais bénéfique. Le bonheur qu'elle me donne se répand autour de moi. Mon patron m'appelle maintenant Monsieur Soleil.

MELANEE CARMELLA PACKARD
(Mentore personnelle agréée)

Au début de nos fréquentations, il y a plus de 11 ans, mon mari et moi nous ressemblions beaucoup. Nous nous plaignions à peu près de tout: de notre enfance, de nos ex, de notre travail, de notre situation financière, de notre corps, de nos amis, et ainsi de suite. Chacune de nos conversations tournait autour de ce qui allait mal dans nos vies. Et c'est comme ça que nous vivions chaque jour.

Il y a environ sept ans, j'ai commencé à avoir le sentiment que la vie n'était pas censée être si mauvaise; je voulais trouver un moyen d'en profiter, au lieu de me vautrer dans l'apitoiement sur moi-même, la colère et la haine. J'ai décidé d'apporter quelques changements à mon existence et je me suis lancée sur le chemin menant à une vie remplie de joie et d'amour. J'appelais cela ma «quête du bonheur». Durant cette quête, je me suis mise à jeter sur la vie un regard nouveau, optimiste. Cela a changé non seulement ma propre vie, mais aussi celle de la plupart des membres de mon entourage. La seule personne qui semblait ne pas être touchée par cette évolution, c'était Mike, mon mari.

Mike n'arrivait pas à comprendre pourquoi j'essayais de mettre un frein à la négativité qui avait toujours imprégné nos conversations. À cause de cela, nous avons eu de moins en moins de conversations et d'interactions, ce qui a commencé à causer des frictions dans notre ménage. Je me suis sentie de plus en plus angoissée ; je lui en voulais de toujours être si négatif. En fait, je l'appelais Mike le négatif ; dès que nous étions ensemble, je m'attendais à ce qu'il se plaigne et se montre négatif. La situation a empiré, au point où mes deux filles et moi étions dépitées et anxieuses dès que nous entendions l'ouverture de la porte du garage signalant son arrivée. J'envisageais sérieusement de divorcer, parce que je ne pouvais plus imaginer vivre encore longtemps avec sa négativité.

Voilà que j'affirmais vouloir être positive et n'exprimer que de l'amour ; pourtant je m'attendais toujours au pire de la part de mon mari ! Qui plus est, nos enfants avaient appris de moi à s'attendre eux aussi au pire de leur père, et ils projetaient de la négativité envers lui !

Il s'est alors produit quelque chose d'étonnant ! J'ai lu *Un Monde sans plaintes*. Je ne me souviens plus comment j'ai appris l'existence de ce livre ; je sais seulement qu'il fallait que je le lise le plus tôt possible. Avec les enfants, je suis allée à la bibliothèque, où j'ai emprunté le dernier exemplaire. Je l'ai lu d'une traite et, en très peu de temps, nos vies ont changé définitivement, et mon couple a été sauvé !

Votre livre et les leçons qu'il contient m'ont appris que c'est exactement ce que nous attendons des autres que nous recevons d'eux.

> «Nos vies ont changé définitivement, et mon couple a été sauvé !»
>
> — MELANEE CARMELLA PACKARD

Cela a été une révélation pour moi. J'ai décidé sur-le-champ d'attendre de mon mari ce qu'il a de mieux – *tout le temps*! J'ai organisé une petite réunion avec nos filles, à qui j'ai expliqué ce que j'avais appris; elles étaient enthousiasmées par l'idée de faire partie de notre «expérience».

C'était il y a plus d'un an; nous sommes encore ensemble, et notre union se renforce de jour en jour. Elle n'est pas parfaite, bien entendu, mais elle évolue dans le bon sens. Il m'a fallu 10 mois pour passer 21 jours consécutifs sans me plaindre. Mes filles et moi portons encore nos bracelets, qui nous rappellent en permanence de ne pas nous laisser glisser dans la négativité. Grâce à vous, nous savons désormais que nous méritons de recevoir ce qu'il y a de mieux de la part de chacun, et c'est ce que nous attendons. Et vous savez quoi? C'est ce que nous *recevons*!

C'est une expérience qui a transformé notre vie à tous.

. . . .

JILL WENDT
(Professeure de collège)

Je me vois comme une personne positive; cependant, il y a plusieurs étés, je me suis rendu compte que je me comportais d'une manière désagréable avec mon mari et mes enfants. J'étais grincheuse au point de ne plus pouvoir me supporter moi-même!

J'ai cherché sur Internet de la lecture à propos des plaintes. Je suis tombée par hasard sur le livre de Will Bowen. Je l'ai aussitôt commandé et j'ai téléchargé la version audio pour mon iPod, afin de l'écouter dans ma voiture.

C'était exactement ce dont j'avais besoin. Les concepts présentés m'ont lancée dans une démarche personnelle au cours de laquelle j'ai appris à prendre conscience de mes propos et à en changer, ce qui a amorcé une transformation positive de mes comportements. L'élimination des plaintes et du potinage est une vraie gageure. Cependant, lorsqu'on connaît de petites réussites en cours de route, on éprouve un sentiment de paix et on a l'impression de travailler pour le plus grand bien de tout le monde.

J'enseigne au collège communautaire Chandler-Gilbert à Phoenix, en Arizona. J'ai été tellement touchée par l'idée maîtresse du livre que je l'ai intégrée dans mon programme d'enseignement. J'ai décidé de ne pas relever seule le défi des 21 jours : j'ai invité environ 150 étudiants à le faire avec moi !

Comme notre session ne dure que quatre mois, un seul de mes étudiants a pu gagner son pari sur cette courte période. Cependant, de petits miracles continuent de s'opérer ! J'ai demandé aux étudiants d'écrire le récit de leurs expériences et de créer des sites Web qui témoigneraient de leur apprentissage. J'ai été étonnée par la lecture des expériences particulières qu'ils vivaient. Même sans avoir atteint leur objectif de 21 jours durant la session, ils ont pu sentir les effets positifs du projet sur eux-mêmes et sur les membres de leur entourage. Voici un exemple de ce qu'ils m'ont écrit :

« *Chère professeure Wendt,*

J'ai adoré participer à cette expérience et suivre votre cours ! J'ai beaucoup appris sur la nature humaine. J'ai appris aussi à mieux reconnaître la trame invisible qui donne un sens à notre société. Les gens sont étonnants individuellement et collectivement. Quand on peut voir les particularités qui rendent chacun de nous unique, on comprend mieux d'où l'on vient et pourquoi, et qui l'on est.

Si tous les êtres humains relevaient le défi des 21 jours sans plaintes, imaginez combien de murs seraient du coup abattus entre les classes sociales et les cultures !

Je veux vous dire que c'était l'un de mes éléments préférés de votre cours. Il semble que les armures que nous portions tous sont tombées. Par l'intermédiaire de la matière, et grâce à votre ouverture d'esprit et à l'enthousiasme que vous manifestiez en classe, je pense que nous avons essayé de nous voir les uns les autres d'un point de vue différent.

Même si je n'ai pas réussi le défi des 21 jours durant la session, j'y suis parvenu à la session suivante ! Cela a été pour moi une réussite personnelle unique. Je continue d'être conscient du pouvoir qu'ont nos paroles de blesser les autres et de nous faire nous sentir misérables. C'est un moment merveilleux lorsqu'on se rend compte que les paroles qu'on s'empêche de dire commencent à refléter une attitude plus positive et chaleureuse. »

Je continue à lancer le défi à mes étudiants. Jusqu'à présent, deux milliers d'entre eux l'ont relevé, et beaucoup parmi eux l'ont à leur tour lancé à leurs amis et aux membres de leur famille.

> *« Si votre intention est de trouver une solution, ce processus vous permettra de vous exercer à transformer vos pensées, vos paroles et vos comportements en conséquence. »*
>
> — JILL WENDT

Même si beaucoup de mes étudiants n'ont pas atteint les 21 jours visés, c'est le simple fait de s'engager dans ce défi qui a donné le plus de résultats sur les plans de l'apprentissage et de la transformation. Il ne s'agit pas d'être parfait et de ne jamais se plaindre ; ce qui compte le plus, c'est de penser à ce que l'on dit, à la manière dont on veut le dire et avec quelle intention. Si votre intention est de trouver une solution, ce processus vous permettra de vous entraîner à transformer vos pensées, vos paroles et vos comportements en conséquence. En plus de proposer le défi à mes étudiants, j'ai discuté avec d'autres enseignants de la manière dont ils pourraient intégrer le concept dans leur programme d'enseignement. Grâce à ces discussions, j'ai pu faire connaître à d'autres les bienfaits que j'ai tirés du concept tant dans ma vie professionnelle que dans ma vie privée. Le concept m'a permis d'adopter une approche plus personnelle avec laquelle je peux établir une vraie connexion avec mes étudiants.

J'aime bien rencontrer au marché, au cinéma ou ailleurs d'anciens étudiants qui portent encore leur bracelet pourpre plusieurs années après avoir suivi mon cours. Ils me racontent toujours où ils en sont dans leur démarche. Ils me parlent souvent de relations personnelles qui ont été renouées, d'un état de santé qui s'est amélioré, et de la manière dont ils voient le monde d'un œil nouveau depuis qu'ils ont jeté leurs habits de victime pour concentrer leur attention sur la recherche de solutions. J'ai vu comment ce mouvement peut transformer la vie d'une classe, transformer la vie des personnes et construire une collectivité plus positive. Je me sens encouragée quand je vois mes étudiants saisir cette occasion d'améliorer leur propre vie et celle de leur collectivité.

HERB PIERSON
(Ministre du culte)

La lecture du livre de Will Bowen, *Un Monde sans plaintes*, m'a incité à relever le défi, à porter le bracelet et… à voir ma vie s'améliorer. Sans en parler à personne, je me suis lancé.

Les premiers jours ont été faciles comme tout, jusqu'à ce que je commence à mieux comprendre le caractère parfois subtil et parfois évident des plaintes.

Mettre un frein aux plaintes les plus évidentes était généralement aisé. Cependant, les plaintes plus profondes, plus subtiles m'ont souvent pris de court. Quoi qu'il en soit, au bout d'une quinzaine de jours, j'avais atteint ma vitesse de croisière, et mon bracelet passait allègrement d'un poignet à l'autre.

À peu près à ce moment-là, j'ai annoncé à ma femme que je relevais le défi, et elle s'est jointe à moi. Fait plutôt gênant pour moi, elle m'a dépassé en moins d'un mois, et elle commençait à être assez sensibilisée aux plaintes pour être en mesure d'améliorer nos vies. Même si nous ne faisions tous deux que passer le bracelet d'un poignet à l'autre, nous sentions déjà que cette croissance et cette ouverture rendaient nos vies meilleures. Nous riions et partagions davantage, et nous nous servions du défi comme d'un tremplin pour aller plus loin. Durant ce processus, nous avons connu l'un et l'autre ces mauvais jours où, à une semaine seulement de l'objectif, nous étions obligés de reprendre le voyage à partir du Jour 1, après avoir émis une plainte vraiment insignifiante.

> «Au bout de quelques semaines seulement, mes fidèles ont commencé à parler entre eux de ce qui rendait leur vie meilleure qu'avant.»
>
> — HERB PIERSON

Nous avions testé le programme dans nos propres vies et dans notre couple; le moment était venu de demander à l'assemblée de nos fidèles de se joindre à nous. Dès que j'ai abordé le sujet, ils se sont montrés ouverts à l'idée, et nous nous sommes lancés le jour même. Ces hommes et ces femmes ont accepté de relever le défi, et un très grand nombre de bracelets pourpres sont apparus dans le sanctuaire. Nous pouvions observer de loin ceux qui accusaient leur voisin de s'être plaint et mesurer leur exaspération lorsqu'ils devaient tous deux faire passer leur bracelet d'un poignet à l'autre.

Je me souviens de plus d'un dimanche où, au milieu de ma leçon, je voyais quelqu'un faire signe à un autre de changer son bracelet de poignet pour ce qu'il venait de dire.

Chaque fois que cela se produisait, malgré une certaine gêne, j'étais content. Quelques semaines seulement après le début du défi, mes fidèles avaient commencé à parler entre eux de ce qui rendait leur vie meilleure qu'avant. Beaucoup d'entre eux ont abandonné de vieilles habitudes stériles pour adopter des manières plus positives de faire face aux petites difficultés quotidiennes de la vie.

Nous avons tiré tellement de plaisir du processus que nous avons voulu en faire profiter le reste de notre collectivité. Nous avons proposé l'idée à notre Chambre de commerce et à plusieurs autres grandes institutions de notre ville. Nous avons créé des affiches et lancé dans toute l'agglomération une campagne de sensibilisation à une interaction sociale plus positive. Le titre, *Un Monde sans plaintes,* captait facilement l'attention de tous et faisait sourire. Les bracelets étaient distribués à la douzaine et suscitaient beaucoup de commentaires positifs.

En trois semaines seulement, sans budget ni personnel, nous avons obtenu 900 signatures d'engagement! L'agglomération ne comptant que 60 000 citoyens, cela signifiait que nous avions déjà rejoint 1,5 % de toute notre population.

Aujourd'hui, quelques années plus tard, nous recevons encore des courriels et des appels téléphoniques d'enthousiastes qui souhaitent se joindre au « mouvement ».

THERESE LÖVROS
(Enseignante)

Je vis en Suède, où je travaille avec des enfants de six ans. J'ai lu *Un Monde sans plaintes* il y a environ deux ans et demi. Je suis enseignante et j'ai eu beaucoup de difficulté à trouver comment remédier à certains comportements de mes élèves sans me plaindre.

J'ai maintenant trouvé un moyen de discuter avec eux pour les aider à réfléchir sur leur apprentissage et sur leur comportement. Nous parlons des résultats qu'ils obtiennent quand ils se comportent de telle ou telle manière, et nous nous demandons ensemble si ce sont les résultats qu'ils souhaitent obtenir. Si ce n'est pas le cas, nous essayons ensemble de trouver une autre manière de leur permettre d'atteindre leurs objectifs.

> *« Je me sens plus positive et plus heureuse. »*
>
> — THERESE LÖVROS

En m'efforçant de corriger mes élèves sans me plaindre, j'ai appris aussi comment mieux communiquer avec leurs parents, mes collègues et mes amis. Cela a rendu mes relations beaucoup plus gratifiantes, et je me sens plus positive et plus heureuse.

J'ai compris que je ne peux pas me contenter de cesser de me plaindre dans une seule dimension de ma vie. Je dois vivre tout de cette façon, et cela m'a permis de voir apparaître partout de nouvelles et merveilleuses possibilités, là où d'autres risquent de ne voir que des difficultés.

. . . .

ANITA WIXON
(Rédactrice)

Honnêtement, quand j'ai amorcé mon septième mois d'efforts en vue de m'affranchir des plaintes, je me sentais frustrée et contrariée. Depuis que je portais le bracelet, le plus longtemps que j'avais tenu sans devoir le faire passer d'un poignet à l'autre, c'était six ou sept jours. Mon plus grand obstacle : Will avait précisé à propos du défi des 21 jours que les sarcasmes étaient eux aussi bannis.

Aïe!

Je n'arrivais pas à trouver un nouveau moyen de faire de l'esprit et de l'humour sans être sarcastique. En plus, je devais conduire ma voiture assez souvent pour mon travail. Même si je crois être une excellente conductrice, cette croyance est une arme à deux tranchants : j'ai aussi tendance à croire que tout le monde conduit mal. Je n'arrivais jamais à me rendre au magasin sans devoir changer mon bracelet de poignet.

Un jour d'hiver, j'ai décidé que j'avais besoin d'une pause. J'ai pris quelques mois de congé, et je me suis donné la permission d'oublier pendant un temps toute cette histoire de défi et de plaintes. Durant cette pause, je me suis rendu compte que j'avais déjà changé plus que je ne le pensais. Je n'avais plus du tout envie de participer à des séances de potinage ou de plaintes. Je faisais attention à ce que je disais afin que mes propos dégagent le plus possible d'énergie positive au lieu d'être sarcastiques.

Il m'est aussi apparu évident qu'il y avait dans ma vie certaines personnes avec qui je n'avais rien en commun, l'habitude de me plaindre mise à part : me plaindre à eux, me plaindre d'eux, me plaindre des autres, me plaindre des conditions météo. J'ai commencé à m'éloigner de ces personnes et à essayer d'attirer dans ma vie des gens plus positifs. Bizarrement, même ma conduite automobile s'est améliorée.

Plus déterminée que jamais à réussir, j'ai repris mon bracelet pourpre par un beau matin printanier, avec l'intention de passer 21 jours sans me plaindre. J'ai rapidement atteint le cap des 18 jours. Mais les vieilles habitudes ne se déracinent pas si facilement. Tandis que je me rendais à un rendez-vous (dans une église en plus !), la voiture d'une vieille petite madame est venue me couper le chemin. Instinctivement, j'ai freiné sec, craché une litanie de jurons et longuement klaxonné. Dès que j'ai pris conscience de mon comportement, j'ai pouffé de rire. J'aurais voulu suivre la dame pour la remercier de m'avoir rappelé que j'étais encore loin de mon objectif.

J'ai fini par réussir le défi des 21 jours consécutifs sans plaintes une année moins 15 jours après avoir glissé pour la première fois un bracelet pourpre sur mon poignet. Même si je ne porte plus de ces bracelets, j'en garde quelques-uns à portée de main pour me rappeler l'expérience que j'ai vécue lorsque j'ai changé ma façon de penser. J'ai maintenant pris l'habitude de chercher partout le positif, de parler positivement et de vivre positivement. Quand j'ai l'impression de dévier du chemin de l'énergie positive, je me donne un petit coup de coude en me

> «J'ai maintenant pris l'habitude de chercher partout le positif, de parler positivement et de vivre positivement.»
>
> — ANITA WIXON

parlant gentiment et en me souvenant du bracelet que je faisais passer d'un poignet à l'autre.

. . . .

BARBARA WAYMAN
(Relations publiques)

Je n'ai jamais été une plaignarde chronique, mais j'ai commencé à remarquer que plus de plaintes étaient émises dans mon entourage; je sentais aussi que j'étais plus grincheuse que je l'aurais souhaité. Peu de temps après cette prise de conscience, au cours d'une soirée de réseautage, je suis tombée par hasard sur le livre *Un Monde sans plaintes* et sur les bracelets. J'étais parfaitement préparée à relever le défi, et je me suis lancée sans hésiter.

Le voyage a été extraordinaire.

Ne souhaitant pas changer mon bracelet de poignet, je réfléchissais un bon moment à ce que j'allais dire avant d'ouvrir la bouche. Aujourd'hui, au lieu d'exprimer une pensée négative, je la renverse dans ma tête et je dis plutôt ce que je voudrais que soit la situation, ou bien je me contente d'un énoncé neutre et factuel, qui ne rejette la faute sur personne et qui ne dégage aucune énergie négative. Il y a beaucoup de choses que je ne ressens même pas le besoin d'exprimer ouvertement.

> «Je me sens plus en paix. Je vis mes journées en donnant aux autres le bénéfice du doute, et je me remets promptement des petites irritations qui autrefois n'auraient cessé de me déranger.»
>
> — BARBARA WAYMAN

J'ai mis un terme à l'expression de la colère; résultat: je me sens davantage en paix. Je vis mes journées en donnant aux autres le bénéfice du doute, et je me remets promptement des petites irritations qui autrefois n'auraient cessé de me déranger.

Je veux vous remercier, Will, d'avoir créé ce programme tout simple, mais si efficace, qui a aidé tant de gens à mener une vie plus positive et plus productive. Je considère l'espace qui m'entoure comme une zone sans plaintes, que je respecte chaque jour.

Je me sens plus joyeuse, plus légère, plus ouverte et plus aimante depuis que j'ai entrepris ce voyage.

. . . .

MARTY POINTER
(Technicien en informatique)

Depuis que j'ai réussi à passer 21 jours consécutifs sans me plaindre, le plus grand avantage que j'ai remarqué, c'est qu'il m'est plus facile d'accepter les gens qui n'ont pas les mêmes valeurs que moi ainsi que les situations qui échappent à ma volonté. Il m'est aussi plus facile de laisser passer certaines choses. Je constate aussi que je m'éloigne doucement des personnes qui prennent plaisir à critiquer et à blâmer les autres, pour me rapprocher de celles qui cherchent ce qu'il y a de bon chez tout un chacun. J'ai noué de nouvelles amitiés avec plusieurs personnes avec qui j'avais des affinités et que je n'aurais probablement pas connues si je n'avais pas relevé avec succès le défi des 21 jours.

Après avoir vécu ces 21 jours sans plaintes, j'ai découvert en moi une bonté que je ne soupçonnais même pas. Même si personne ne se comporte parfaitement tout le temps – et je reconnais avoir personnellement connu des rechutes occasionnelles –, j'ai trouvé beaucoup plus facile de voir la lumière en moi après avoir appris à regarder au-delà des imperfections perçues chez les gens ou dans des situations.

Au moment où j'écris ces lignes, ma mère de 93 ans est allongée sur son lit à la maison ; elle attend d'aller rejoindre ses parents et bien d'autres êtres chers partis avant elle. Elle pèse moins de 40 kilos, et elle n'a pas mangé depuis plus d'une semaine. L'infirmière du centre de soins palliatifs ne comprend pas pourquoi maman est toujours là, vu que toutes ses réserves sont épuisées. Elle est si faible, si vulnérable. Cette situation a été très douloureuse pour moi ; j'ai dû lutter pour ne pas me plaindre au Ciel, jusqu'à faire appel aux nombreuses leçons que j'ai apprises pendant que je relevais le défi des 21 jours. L'une d'elles, je me souviens, était de demander de l'aide. J'ai donc demandé à Dieu son aide.

> «Je m'éloigne doucement des personnes qui prennent plaisir à critiquer et à blâmer les autres, pour me rapprocher de celles qui cherchent ce qu'il y a de bon chez tout un chacun.»
>
> — MARTY POINTER

Hier, je me suis éveillé en pensant que Dieu avait donné à ma mère un corps merveilleux et fort, qui l'avait servie en bonne santé pendant 93 ans. Il l'a transportée vers d'innombrables destinations, lui a donné trois bébés et les a nourris, a joué d'instruments musicaux, a crocheté des jetés, a énoncé et écrit ses pensées, et a exécuté sa volonté de mille façons. Ce corps essaie encore fidèlement de jouer son rôle d'écrin pour l'esprit de ma mère, même s'il faiblit peu à peu. Je suis maintenant capable de louer Dieu pour Le remercier de cet extraordinaire cadeau et d'accepter Son plan pour la fin de l'étape terrestre du voyage de l'âme de ma mère.

Au cours d'une visite chez l'aumônière du centre, j'ai pu voir personnellement comment le mouvement Un Monde sans plaintes peut changer le monde. Les yeux de l'aumônière ont commencé à briller quand je lui ai expliqué la nature du défi ; elle m'a demandé 50 bracelets pour le personnel du centre. Elle m'a dit que, malgré la passion qu'ils mettent dans le service aux mourants, les employés du centre restent des êtres humains comme les autres. Elle croit qu'ils saisiront cette belle occasion de servir encore mieux les mourants en s'efforçant toujours de ne dégager que de l'énergie positive.

Il y a six mois, je n'aurais jamais imaginé comment ces 21 jours passés sans me plaindre changeraient ma vie, mais ils l'ont vraiment changée, et, aujourd'hui, ils exercent même un effet sur la vie des gens qui m'entourent.

• •

GARY HILD
(Chef cuisinier)

En tant que chef professionnel, je sens qu'il me faut être critique et attendre beaucoup de moi-même et de mon personnel, afin d'offrir à nos invités des plats créatifs de première qualité, bien présentés et toujours plus variés.

Durant la trentaine d'années où j'ai exercé mon métier dans les cuisines professionnelles, j'ai évolué. Je suis passé du vieux style européen de gestion hiérarchique à une approche de mentorat plus humaine et plus efficace.

Le processus d'affranchissement des plaintes s'est révélé être efficace d'une façon que je n'aurai pu prévoir. Plus particulièrement, après avoir réussi le défi des 21 jours consécutifs sans plaintes, je me suis senti beaucoup plus conscient de la manière dont je communique avec mon personnel. Je choisis désormais mes mots avec plus de soin, et je vois mon rôle davantage comme celui d'un enseignant possédant d'excellentes techniques de cuisine que comme celui d'un patron ou d'un cadre. Cette nouvelle attitude libère une partie de mon énergie et de l'énergie des autres, ce qui nous permet d'avoir un dialogue plus agréable et exempt de stress.

> «Mes pensées et mes conversations sont axées sur l'appréciation du positif et sur les solutions, ce qui attire le positif et les solutions.»
>
> — GARY HILD

Je crois que le processus d'affranchissement des plaintes s'harmonise bien avec la loi d'attraction. Mes pensées et mes conversations sont axées sur l'appréciation du positif et sur les solutions, ce qui attire le positif et les solutions.

Aujourd'hui, je porte encore le bracelet pour ne pas oublier, et je ne réagis que d'une seule manière à ma charge de travail quotidienne : une extrême gratitude que j'essaie de partager le plus positivement possible. Si je suis tenté d'émettre une critique, je me retiens, et j'essaie de présenter ce que j'ai à dire d'une manière pédagogique ; ainsi, mes interlocuteurs se sentent appréciés et écoutés. Le processus a changé ma perspective sur tout ; je me sens libéré du stress et des soucis, ce qui est une espèce d'effet secondaire du processus. Je me sens privilégié et j'en suis reconnaissant.

. . . .

MARTI LEE
(Professeure de yoga)

Née à Cuba, j'ai grandi à Brooklyn, New York. La plupart des membres de ma famille ont un bon sens de l'humour. Cependant, leur humour consiste à se moquer des autres et à émettre des remarques sarcastiques sur tout ce qui va de travers.

La pratique du yoga m'a conduite à être plus gentille dans mes propos et dans mes opinions. J'ai remarqué une transformation de mon énergie. Je suis devenue plus ouverte. J'ai approfondi ma spiritualité. J'ai commencé à intégrer les mantras et la méditation dans ma pratique du yoga.

L'idée d'Un Monde sans plainte m'a intriguée. Elle était en harmonie avec mon style de vie et avec la théorie selon laquelle on attire ce dont on parle et ce à quoi on pense. J'ai sauté à pieds joints dans le programme et glissé le bracelet pourpre sur mon poignet ; j'avais hâte de commencer. Je suis quelqu'un de très optimiste ; je pensais que ce serait facile comme tout de passer 21 jours sans me plaindre.

J'ai ensuite pris conscience du fait que je me plaignais de diverses choses à ma mère et à mes amies. J'ai annoncé à mes étudiants, à ma famille et à mes amis que j'avais commencé à relever le défi des 21 jours sans plaintes.

J'ai été étonnée que cette annonce ait dérangé mon fils. Il m'a dit que j'allais devenir ennuyeuse, qu'il craignait que je ne sois plus drôle du tout.

Ma situation a été incertaine pendant trois longs mois. J'ai vraiment envisagé de faire vœu de silence. Il m'était difficile de freiner mes sarcasmes de New-Yorkaise.

J'ai appris énormément durant ce programme. J'en parlais à tous ceux qui voulaient bien m'écouter. C'est une pratique moderne tout aussi efficace que les anciennes disciplines spiri-tuelles. Quand vous cessez de vous plaindre, cela fait grandir votre conscience, et vous devenez plus reconnaissant.

J'ai immédiatement vu comment ma vie s'améliorait dans toutes ses dimensions. Pour moi, c'était le début d'un voyage, une stratégie simple à appliquer à toutes les conversations. Avant d'ou-vrir la bouche, demandez-vous ceci : « Y a-t-il dans mes propos des éléments que je dois éliminer parce qu'ils ressemblent à des plaintes, et que celles-ci sont comparables à de mauvaises herbes qui absorberaient tous les nutriments de mes paroles positives ? »

Puisque, dans toutes mes interactions, mon intention est d'établir une connexion avec les autres et de grandir, les plaintes doivent être éliminées.

J'y suis parvenue ! Il m'a fallu trois mois, mais je suis arrivée à vivre 21 jours consécutifs sans me plaindre.

> « Quand vous cessez de vous plaindre, cela fait grandir votre conscience et vous devenez plus reconnaissant. »
>
> — MARTI LEE

Et je suis encore drôle – du moins, c'est ce que pensent mes enfants.

TOM ALYEA

(Expert-conseil en affaires et président bénévole
d'Un Monde sans plaintes)

Je suis un admirateur de la vieille télésérie *I Love Lucy*; j'adorais cela lorsque Ricky Ricardo rentrait à la maison chaque soir et criait: «Hé! Lucy, je suis là!» Pendant les premières années de mon mariage, je faisais la même chose: «Hé! Mischa, je suis là!» Mais, à un certain moment de ma vie, il m'est devenu plus facile de dire: «Hé! Mischa, je suis là, et j'ai mal à la tête, au dos, aux pieds ou à l'estomac!»

Me plaindre constamment était devenu un mode de vie pour moi – un moyen d'obtenir de l'attention ou simplement d'amorcer une conversation. Je m'étais toujours considéré comme quelqu'un de positif et d'heureux, jusqu'à ce que je découvre le défi des 21 jours sans plaintes.

Enthousiasmé par le défi, j'ai dit à ma femme que j'allais être le premier à le réussir. En souriant, elle s'est contentée de dire: «Vingt et un jours? J'aimerais bien te voir passer 21 minutes sans te plaindre!»

Six minutes plus tard, j'ai compris que ce défi allait être le plus difficile de toute ma vie. Ma femme et moi étions assis sur le sofa; j'ai tout à coup lancé: «Oh! Il fait vraiment chaud dehors, et ça me donne tout un mal de tête!» Mischa m'a regardé, puis a regardé mon bracelet, que j'ai changé de poignet – deux fois, parce que je m'étais plaint deux fois dans la même phrase.

La vérité, c'est que le silence qui avait régné pendant ces six minutes me rendait fou; il fallait que j'amorce une conversation d'une manière ou d'une autre. Je voulais obtenir de l'attention, et je pensais que le meilleur moyen d'en recevoir était de me plaindre.

Ma première difficulté a donc été d'apprendre à lancer une conversation autrement qu'en me plaignant. Une fois que j'y suis parvenu, je me suis attaqué à mes autres types de plaintes. Les chambres des enfants sont en désordre. Est-ce qu'une chambre d'adolescent a déjà été rangée plus rapidement parce que quelqu'un s'est plaint? Le temps qu'il fait... qu'est-ce qu'on y peut? Plus la liste s'allongeait, plus je me rendais compte à quel point mes pensées et mes paroles avaient tendance à être négatives.

Au bout de cinq mois d'efforts acharnés, j'ai enfin réussi le défi des 21 jours. Est-ce que j'ai moins souvent des maux de tête? Oui, parce que j'ai compris que je n'en avais pas vraiment si souvent que ça de toute façon. Ce que j'ai maintenant, c'est un corps sain, qui travaille en permanence à sa propre guérison.

> *«C'est la meilleure chose qui me soit jamais arrivée dans ma vie!»*
>
> — TOM ALYEA

Suis-je plus heureux? Ah, ça, oui! Les repas pris avec les enfants sont beaucoup plus agréables depuis qu'on se plaint moins de chambres en désordre et qu'on parle davantage de nos espoirs et de nos rêves. Je suis heureux d'avoir persévéré et réussi à tenir 21 jours. Mis à part ma merveilleuse union avec Mischa et les grandes satisfactions que m'apportent mes trois enfants, c'est la meilleure chose qui me soit jamais arrivée dans ma vie.

CONCLUSION
Uva uvam videndo varia fit

*Que d'hommes ont fait dater de la lecture
d'un livre une ère nouvelle dans leur vie !*
— HENRY DAVID THOREAU

Vous êtes entré dans une nouvelle ère de votre vie.

Les concepts que vous avez appris dans cet ouvrage ont modifié légèrement votre conscience et, que vous vous en rendiez pleinement compte ou non, vous ont ouvert de nouvelles possibilités. Il y a fort à parier que vous n'avez même pas encore commencé à saisir tous les domaines dans lesquels votre vie sera meilleure à la suite de cette démarche.

Si vous avez passé votre vie à regarder les nuages, vous allez bientôt remarquer qu'ils cachaient un soleil qui brille de tous ses rayons. Si vous avez été tourmenté par le mécontentement, vous commencerez à éprouver des sentiments de paix et de joie. Si vous n'avez vu partout que des difficultés, vous commencerez à découvrir de nouvelles possibilités. Si vos relations ont été discordantes, vous commencerez à connaître l'harmonie.

Vous avez planté un tout petit gland, duquel, avec le temps, s'élèvera un chêne majestueux.

Comme des milliers d'autres personnes, j'ai déjà commencé à concentrer mon attention sur autre chose que les difficultés. En attendant la réception de mon bracelet, je me sers d'un élastique que je fais passer d'un poignet à l'autre au gré de mes plaintes. Cela m'a fait prendre conscience de mon comportement. Je fais ces efforts depuis environ une semaine, et je ne me plains désormais que rarement.

Le résultat le plus remarquable du programme, c'est que je me sens infiniment plus heureuse maintenant, sans compter que les membres de mon entourage (notamment mon mari) doivent eux aussi être plus heureux. Il y avait longtemps que je voulais arrêter de me plaindre, et c'est le programme du bracelet qui m'a donné la petite poussée dont j'avais besoin pour modifier mon comportement.

Les bracelets et la mission qu'ils incarnent font l'objet de beaucoup de mes conversations. La mission a donc des répercussions en chaîne sur un très grand nombre d'autres personnes qui, du moins, pensent au nombre de fois qu'elles se plaignent et qui vont peut-être décider de se comporter autrement. L'effet bénéfique du mouvement d'Un Monde sans plaintes se fera probablement davantage sentir un peu partout sur la planète à mesure qu'un plus grand nombre d'êtres humains en entendront parler.

Les bienfaits de ce mouvement s'exercent sur un nombre de personnes incroyablement plus grand que celui des porteurs du bracelet!

C'est impressionnant, quand on y pense!

— Jeanne Reilly,
Rockville, Maryland

Votre vie se transforme.

Permettez-moi de répéter une dernière fois que vous pouvez vous affranchir des plaintes si vous persévérez dans vos efforts. L'être humain est une créature d'habitudes. Il lui faut du temps pour en changer. Mais une habitude se crée à force de gestes uniques, un peu comme la gigantesque boule de peinture l'a été par des milliers de couches uniques.

Quand j'étais enfant, l'une de mes histoires préférées que me racontait ma mère était celle du boulanger, du commerçant avare et du mystérieux étranger qui arrive dans leur village. Dans cette histoire, l'étranger aborde les villageois pour leur demander de lui fournir le gîte et le couvert pour la nuit. Quand il sollicite l'aide du commerçant et de sa femme, ceux-ci le repoussent avec dédain.

L'étranger entre ensuite dans la seule boulangerie du village. Le boulanger est un homme sans le sou, qui a presque épuisé ses réserves d'ingrédients. Néanmoins, il invite l'homme à sa table et partage avec lui un maigre repas. Il lui propose ensuite d'occuper sa chambre et de dormir dans son lit, un véritable grabat. Le lendemain matin, l'étranger se lève, remercie le boulanger et lui dit : « Quoi que tu fasses en premier lieu ce matin, c'est ce que tu continueras de faire toute la journée. »

Le boulanger, incertain du sens à donner au commentaire de l'étranger, n'y repense plus. Il décide de préparer un gâteau pour son invité. Il inspecte ses réserves et y trouve deux œufs, une tasse de farine, un peu de sucre et quelques épices. Il commence à préparer le gâteau et, à sa grande surprise, constate que plus il utilise d'ingrédients, plus il en découvre dans son arrière-boutique. Lorsqu'il s'apprête à prendre ses deux derniers œufs, il les voit remplacés par quatre autres œufs. Quand il vide son sac de farine, il le voit rempli lorsqu'il le pose par terre. Enchanté de sa bonne fortune, le boulanger se met à cuisiner toutes sortes d'exquises pâtisseries et de pains. Le pain, les tartes, les biscuits, les gâteaux embaument l'air dans le square du village. Les clients font la queue sur un pâté de maisons pour acheter les pains et desserts du boulanger.

Le soir venu, le boulanger, épuisé, mais heureux, son tiroir-caisse rempli de billets, est abordé par le commerçant avare, qui lui demande : « Comment se fait-il que vous ayez eu tant de clients aujourd'hui ? On dirait que tous les habitants du village ont acheté quelque chose, certains plus d'une fois. » Le boulanger lui raconte alors l'histoire de l'étranger qu'il a aidé et du commentaire énigmatique qu'il lui a fait avant de partir.

Le commerçant et sa femme quittent à la hâte la boulangerie et se précipitent sur le chemin qui mène hors de la ville, à la recherche du mystérieux étranger. Ils finissent par trouver l'homme à qui ils avaient refusé leur aide la veille. « Mon bon monsieur, lui disent-ils, pardonnez-nous notre impolitesse d'hier soir. Nous avons été idiots de ne pas vous aider. S'il vous plaît, accompagnez-nous à la maison et faites-nous l'honneur d'accepter notre hospitalité. » Sans dire un mot, l'homme fait demi-tour et les accompagne jusqu'à leur maison.

Une fois arrivé chez le commerçant, l'étranger se voit offrir un repas somptueux, arrosé d'un grand cru et couronné par un dessert divin. Le couple conduit ensuite l'étranger à la plus belle chambre de la maison, où se trouve un lit de plumes d'oie des plus confortables.

Le lendemain matin, tandis que le visiteur se prépare à partir, le commerçant et sa femme sautillent sur place, espérant qu'il déploiera sa magie sur eux. Effectivement, l'étranger remercie ses hôtes et leur dit : « Quoi que vous fassiez en premier lieu ce matin, c'est ce que vous continuerez de faire toute la journée. »

Ayant entendu le commentaire magique, la femme du commerçant s'empresse de faire sortir l'étranger. Elle et son mari s'habillent et s'empressent d'aller à leur magasin. S'attendant à y recevoir un grand nombre de clients, le commerçant saisit un balai et commence à nettoyer le plancher. Pour être en mesure de rendre la monnaie toute la journée, sa femme compte les pièces se trouvant dans le tiroir-caisse.

Le commerçant balayait, et sa femme comptait. Elle comptait, et lui balayait. Malgré tous leurs efforts, ils étaient incapables de cesser de balayer ou de compter. Quand quelqu'un entrait dans leur magasin, lui et elle restaient saisis par l'envie irrésistible de balayer et de compter : il leur était impossible de s'arrêter pour vendre quoi que ce soit.

Le boulanger et le commerçant ont entendu le même commentaire magique. Le boulanger a commencé sa journée de manière positive et généreuse, et il a été largement récompensé. Le commerçant a commencé sa journée de manière négative et intéressée, et il n'a rien obtenu. La bénédiction était neutre. Le commentaire magique était neutre.

Votre capacité à créer votre vie est neutre. Utilisez-la comme vous voulez ; vous récolterez ce que vous aurez semé. Cette histoire nous rappelle que nos gestes altruistes de compassion et de générosité nous apportent de grandes récompenses.

Deuxième morale de cette histoire : il faut commencer chaque jour de la manière dont on voudrait qu'il se déroule. Si vous n'avez pas pu passer une seule journée complète sans vous plaindre, voyez, le matin au réveil, combien de temps vous pouvez tenir sans vous plaindre. Si, chaque matin, vous essayez de tenir un tout petit peu plus longtemps avant de formuler votre première plainte, vous constaterez que vous progresserez beaucoup plus facilement et rapidement vers votre objectif de 21 jours.

Il y a une notion en programmation informatique que l'on exprime généralement sous la forme d'un acronyme : GIGO, qui signifie *Garbage In — Garbage Out*, c'est-à-dire telles entrées, telles sorties. Si un ordinateur ne fonctionne pas correctement, c'est généralement parce qu'on y a saisi quelque chose d'inexact. Si les données sont inexactes, les résultats seront erronés. L'ordinateur, lui, est neutre.

> Lorsque vous émettez du négatif, ne vous étonnez pas d'en recevoir en retour.

Votre vie, comme l'ordinateur, est neutre. Cependant, c'est la règle « telles sorties, telles entrées » plutôt que « telles entrées, telles sorties » qui s'y applique. Je veux dire que vos paroles transmettent des vibrations qui vous attirent davantage de ce dont vous parlez. Lorsque vous vous plaignez, vous émettez du négatif ; par conséquent, ne vous étonnez pas d'en recevoir en retour.

> *«Pour produire un avenir différent, je dois être quelqu'un de différent.»*
>
> — JOHN P. HANLEY

Ce que vous exprimez, vous le démontrez. Parlez de vos expériences négatives et malheureuses, et vous en vivrez d'autres dont vous pourrez parler aussi. Parlez des choses que vous appréciez, et vous en attirerez davantage vers vous. Vos habitudes d'expression révèlent ce que vous pensez, et ce que vous pensez crée votre réalité. Que vous en soyez conscient ou non, vous tracez chaque jour votre route, et c'est cette route que vous suivez.

Si nous voulons rendre le monde meilleur, nous devons d'abord apaiser la discorde qui trouble la paix dans nos propres âmes. En modifiant nos paroles, nous modifierons aussi nos pensées, et c'est cela qui changera notre monde. Quand nous cessons de nous plaindre, nous empêchons les pensées négatives de s'échapper ; nos esprits se transforment, et nous devenons plus heureux. L'esprit n'ayant aucun point de sortie pour les pensées négatives, il cesse d'en produire. Quand votre bouche n'exprimera plus de pensées négatives sous forme de plaintes, vous découvrirez de nouvelles pensées, plus heureuses, qui sont en ce moment occultées par le brouillard de négativité qui enveloppe votre esprit.

Après avoir relevé avec succès le défi des 21 jours consécutifs sans plaintes, vous cesserez d'être une personne accro aux plaintes pour devenir une personne en train de se remettre d'une dépendance aux plaintes. Les ex-alcooliques affirment qu'ils ont beau être abstinents depuis de longues années, s'ils sont trop longtemps exposés à la tentation, ils rechuteront. Si des membres de votre entourage se plaignent, restez vigilant, de crainte de vous joindre à eux. Vous devrez peut-être vous extirper de certaines relations négatives. Si ce sont des relations dans votre milieu de travail, changez de service ou de poste – l'Univers vous soutiendra sur votre nouveau chemin positif. S'il s'agit de relations avec des amis, vous constaterez peut-être que vous avez évolué au point d'avoir dépassé ces relations. Même s'il s'agit de relations avec des membres de votre famille, vous feriez peut-être mieux de passer moins de temps avec eux.

Ne laissez pas des personnes négatives vous priver de la vie que vous désirez. Il faut 21 jours pour enraciner une habitude. Vous pouvez donc déraciner l'habitude prise de ne pas vous plaindre en donnant libre cours à votre ancien comportement pendant 21 jours. Pour éviter cela, soyez conscient du comportement des personnes qui vous entourent, car vous pourriez être tenté de suivre leur exemple. Prenez soin de vous, et méfiez-vous des personnes toxiques qui se plaignent. Si vous n'êtes pas attentif, vous risquez de vous laisser entraîner par elles et de replonger dans le bourbier de la négativité.

Aimez les autres. La meilleure définition du mot «amour» que je connaisse est celle de Denis Waitley : «L'amour, c'est l'acceptation inconditionnelle de l'autre et la recherche de ce qu'il y a de bon chez lui.» En acceptant les autres et les situations que nous traversons, et en y recherchant ce qu'il y a de bon, nous vivrons moins d'expériences desquelles nous serons tentés de nous plaindre. Aimer les autres, ce n'est pas essayer de les faire cesser de se plaindre. C'est plutôt de balayer devant sa propre porte, en étant bien conscient que c'est le moyen le plus sûr de rendre meilleur le monde entier.

Une fois que vous vous êtes affranchi des plaintes, ce n'est pas ce que vous dites qui compte, mais plutôt l'énergie qui sous-tend vos paroles. Quand quelque chose de bien vous arrive, même de peu d'importance, dites «bien entendu!», convaincu que vous êtes d'être un aimant à bienfaits. Allez jusqu'à afficher un sourire satisfait, pour bien ancrer physiquement l'expérience.

Vous avez trouvé à vous garer juste devant le magasin où vous allez un jour de pluie? Dites : «C'est bien ma chance!»

Vous avez oublié de mettre des pièces dans le parcmètre et, en revenant à votre voiture, vous constatez que vous n'avez pas reçu de contravention? Dites : «Ça m'arrive toujours à moi!»

> *«C'est une perte de temps d'être en colère contre mon handicap. On a la vie qu'on a, et la mienne n'est pas trop douloureuse. Personne ne veut passer du temps avec quelqu'un qui est toujours en colère ou en train de se plaindre.»*
>
> — STEPHEN HAWKING

Quand vous commencerez à parler de cette façon, vous vous sentirez peut-être idiot ; mais chaque fois que vous emploierez des termes positifs pour décrire vos expériences, vous ajouterez une brique à la fondation d'une vie meilleure.

Grâce à vous et grâce aux dizaines de millions d'autres personnes qui, en ce moment même, font passer leur bracelet d'un poignet à l'autre afin de s'affranchir des plaintes, je nourris l'espoir que l'attitude qui prévaut actuellement dans le monde va changer.

J'ai fait part à quelqu'un de cet espoir l'autre jour, et cette personne m'a répondu : «Ça me semble être un faux espoir.»

Faux espoir ? Laissez-moi vous raconter une histoire sur les «faux espoirs».

Cette histoire commence à 1 h 10 du matin, le 11 juillet 2001. Comme je dormais profondément, il m'a fallu un moment pour entendre la sonnerie du téléphone posé sur ma table de nuit. En portant maladroitement le combiné vers mon oreille, j'ai lancé un «allô» d'une voix enrouée.

«Will ? C'est Dave, a dit mon frère cadet. Maman a eu une crise cardiaque. Ça n'augure rien de bon. Tu ferais mieux de venir.»

Je suis sorti du lit, j'ai fait ma valise et j'ai roulé 60 kilomètres, jusqu'à l'aéroport de Kansas City. J'ai bien essayé de dormir dans l'avion, mais j'étais trop inquiet. À l'aéroport de Columbia, en Caroline du Sud, Dave m'attendait.

Avant de nous rendre à l'hôpital, nous nous sommes arrêtés à un casse-croûte pour manger une bouchée. Dave m'a relaté la situation en détail. « Hier soir, vers 20 h 30, maman a commencé à sentir une douleur dans la poitrine et dans le dos, m'a-t-il dit. Elle a avalé quelques analgésiques en vente libre, mais sans qu'ils la soulagent. Elle a été transportée à l'hôpital, où on a diagnostiqué une grave crise cardiaque. Les médecins l'ont fait héliporter ici, à l'hôpital de Columbia, spécialisé en cardiologie. Elle est éveillée, mais souffre beaucoup. »

Un quart d'heure plus tard, Dave et moi entrions à l'unité des soins intensifs de cardiologie, où nous avons trouvé la chambre où ma mère se relevait dans son lit avec l'aide de notre frère aîné, Chuck. Elle était relativement alerte, mais avait de la difficulté à respirer. Le personnel soignant nous a permis de passer quelques minutes avec elle avant de nous demander de la laisser se reposer.

Notre mère s'est endormie profondément ; elle ne s'est pas réveillée. Un échocardiogramme a révélé qu'elle avait subi une crise cardiaque. « C'est comme si une grande partie de son cœur avait éclaté », a expliqué l'un des médecins.

Au cas où elle reprendrait connaissance, j'ai décidé de passer plusieurs des nuits suivantes dans la salle d'attente. J'allais la voir de nombreuses fois chaque nuit, mais elle restait comateuse, et c'est au moyen d'un ventilateur qu'elle respirait.

Même sans formation médicale, lorsqu'on passe assez de temps avec un patient branché sur des moniteurs qui affichent en continu ses signes vitaux, on finit par reconnaître le moment où certains de ces signes s'améliorent. Tôt un matin, j'ai remarqué que le taux d'oxygène dans le sang de ma mère augmentait, ce que j'ai signalé avec beaucoup d'enthousiasme à son infirmière.

« Je ne veux pas vous donner de faux espoirs », m'a-t-elle dit avec un sourire compatissant.

L'après-midi, j'ai quitté l'hôpital pour aller prendre une douche et changer de vêtements. À mon retour, j'ai rencontré par hasard un ancien camarade de l'association d'étudiants de mon ancienne université, devenu cardiologue à cet hôpital. Je lui ai demandé d'examiner le dossier médical de ma mère et de me dire très franchement quel était le pronostic.

Je l'ai revu une heure plus tard, assis dans la salle d'attente. Il avait l'air sombre.

« Ce n'est pas bon, m'a-t-il dit. Son cœur a subi d'importantes lésions. Je sais que tu ne voudrais pas entendre cela, mais il semble que ce sont les machines qui la gardent en vie. »

Je me suis enfoncé dans mon fauteuil ; il a mis la main sur mon épaule pour me réconforter. Les yeux embués, je lui ai demandé : « Mais n'y a-t-il pas *quelque chose* qu'on puisse faire ? Certains de ses signes vitaux ont l'air de s'améliorer. Ce n'est pas une bonne nouvelle, ça ? Est-ce que ça n'indique pas qu'elle pourrait se rétablir ? »

Il m'a serré l'épaule et, après avoir inspiré profondément, il m'a répondu : « Oui, Will, certains de ses signes vitaux se sont améliorés – légèrement –, mais cela ne change rien au fait qu'elle a eu une grave crise cardiaque. Une petite amélioration ne suffit pas. »

Mon ami a attendu que j'absorbe ce qu'il venait de me dire, puis il a ajouté : « Tu m'as demandé plus tôt quelles étaient à mon avis ses chances de se rétablir. Je te dirais 15 % tout au plus. »

« OK, ai-je fait, 15 %, c'est mieux que rien, n'est-ce pas ? »

Son regard compatissant est devenu sévère : « Will, t'accrocher à de faux espoirs ne fera que rendre les choses plus douloureuses si ta mère ne se remet pas. Je sais que tu refuses de le faire, mais tu dois voir les faits en face. »

J'ai essayé de le remercier, mais je ne trouvais pas mes mots. Nous nous sommes embrassés, et il est retourné à son travail. Je suis resté assis en silence dans la salle d'attente, en commençant à pleurer ma mère.

Ce soir-là, allongé sur le sol dans la salle d'attente, j'ai repensé à tous les beaux moments que j'avais vécus avec ma mère. J'ai pensé à tout ce qu'elle ne verrait pas arriver dans la vie de ses petits-enfants. J'ai pensé à toutes les choses qui n'avaient pas encore été dites. J'avais l'impression que mon âme était un tableau noir que grattaient les ongles de sa maladie soudaine.

Incapable de dormir, je me suis rendu en chaussettes dans la chambre de ma mère. Le souffle répété du ventilateur imprégnait la chambre d'une atmosphère industrielle. Je me suis assis près de son lit et je lui ai tenu la main. J'ai scruté le moniteur; j'ai constaté que beaucoup de ses signes vitaux, la plupart en fait, s'étaient améliorés depuis la veille. Je l'ai fait remarquer à l'infirmière venue remplacer le sac de soluté qui alimentait les veines de ma mère.

Jetant un coup d'œil sur le moniteur, elle a dit : « Les données sont meilleures, mais ne vous accrochez pas à de faux espoirs. »

Pris d'un frisson de colère, j'ai laissé tomber la main de ma mère et j'ai rapidement regagné la salle d'attente. J'ai arraché une page de mon journal et j'ai commencé à y écrire en gros caractères, sur lesquels j'ai fait repasser la bille de mon stylo plusieurs fois pour les rendre plus gras. Je suis retourné dans la chambre de ma mère et, avec un ruban adhésif, j'ai collé sur le moniteur la feuille sur laquelle j'avais écrit :

De faux espoirs, ça n'existe pas !

Le mot « espoir » se définit comme étant le fait d'attendre quelque chose avec confiance. Tant et aussi longtemps que vous attendez cette chose avec confiance, l'espoir ne peut jamais être faux.

L'expression « faux espoirs » est un oxymore.

Ma mère est aujourd'hui décédée, mais après avoir vécu 10 années de plus, dans une santé relativement bonne. En fait, de nouvelles artères se sont développées autour des parties endommagées de son cœur, et sa circulation sanguine est redevenue normale. Ma famille et moi avions souhaité avec confiance qu'elle se rétablisse, et il n'y a rien de plus puissant que cela.

Joignez-vous à moi pour espérer que l'humanité continuera de s'éloigner de la peur et de la négativité, pour se rapprocher de la foi et de l'optimisme. En vous affranchissant des plaintes, vous aurez franchi l'étape la plus importante dans la réalisation de cet espoir. La transformation d'une seule personne exerce un effet sur beaucoup d'autres.

Dans le roman *Lonesome Dove*, de Larry McMurtry, l'un des personnages principaux, un cowboy pseudo-intellectuel du nom de Gus McCrae, grave une phrase en latin sur l'enseigne qu'il a créée pour son entreprise: *UVA UVAM VIVENDO VARIA FIT*.

McMurtry n'explique pas ce que cette phrase signifie et, en fait, l'orthographie mal, sans doute pour montrer que le cowboy connaît peu le latin. La phrase devrait s'écrire *Uva Uvam Videndo Varia Fit*, et les latinistes l'ont traduite de diverses manières, par exemple « le raisin se corrompt à la vue du raisin » ou, mieux, « la grappe pourrie en pourrit une autre ».

Dans un vignoble, lorsqu'une grappe commence à mûrir, elle émet une vibration, une enzyme, une odeur ou un champ d'énergie quelconque qui est perçu par les autres grappes. Cette grappe signale aux autres grappes que le moment est venu de se transformer, de mûrir. Si vous êtes devenu quelqu'un qui ne dit que du bien de lui-même et des autres, le simple fait d'être ce que vous êtes signalera aux autres que le moment est venu de se transformer. Sans même essayer de le faire, vous sensibiliserez les membres de votre entourage et vous les entraînerez avec vous.

L'effet d'entraînement est un phénomène particulièrement puissant. Je pense qu'il explique pourquoi les êtres humains aiment s'étreindre. Lorsque deux êtres humains s'enlacent, même brièvement, leurs cœurs semblent battre à l'unisson, et ils se rappellent qu'il n'y a qu'une seule vie sur notre planète, une vie que nous partageons tous.

Si nous ne choisissons pas délibérément la manière de vivre notre version de cette vie unique, nous mènerons une vie « par défaut », à la traîne des autres. Au lieu de savoir que nous menons le troupeau, nous laissons le troupeau nous mener. Les gens suivent les autres sans même s'en rendre compte.

Durant sa jeunesse, mon père gérait un motel qui appartenait à mon grand-père. Le motel était situé juste en face d'un parc d'autos d'occasion, et mon père avait conclu un accord avec le propriétaire du parc. Les soirs où les clients se faisaient rares au motel, mon père allait chercher une douzaine de voitures du parc pour les garer dans le parking du motel. En peu de temps, les clients se multipliaient. Les gens qui passaient devant le motel dont le parking était vide se disaient que c'était probablement un endroit miteux. Mais comme le parking était presque plein, ils supposaient que c'était un bon motel. Nous avons tendance à suivre les autres, et vous êtes devenu quelqu'un qui mène le monde vers la paix, la compréhension et l'abondance pour tous.

Il y a quelque temps, j'ai été réveillé à 3 h du matin par des coyotes qui hurlaient dans le pré. Un bébé coyote a commencé à hurler, puis toute la bande a fait de même. Nos deux chiens se sont mis eux aussi à hurler, de même que les chiens de nos voisins. Bientôt, les hurlements se sont propagés dans toute la vallée. Au bout d'un certain temps, je pouvais entendre des hurlements de chiens venant de toutes les directions. Les coyotes avaient créé un effet d'entraînement qui se faisait sentir à cent lieues à la ronde. Et tout cela a commencé par un seul bébé coyote.

> *«Il suffit qu'un chien aboie après quelque chose pour que tous les autres chiens en fassent autant.»*
>
> — PROVERBE CHINOIS

Ce que vous êtes influe sur votre monde. Dans le passé, cette influence a pu être négative parce que vous aviez tendance à vous plaindre. Aujourd'hui, toutefois, vous êtes un modèle d'optimisme et d'espoir d'un monde meilleur pour tous. Vous êtes une vague qui se propage sur l'immense océan de l'humanité.

Vous êtes une vraie bénédiction.

Journée sans plaintes

À l'opposé de la plainte se trouve la gratitude. La gratitude, c'est la reconnaissance pour ce que l'on a, tandis que la plainte, c'est le mécontentement pour ce que l'on n'a pas. Avant de véritablement faire l'expérience de la gratitude, vous devez cesser de vous plaindre.

Les grandes campagnes antitabac ont réussi à convaincre les fumeurs de se passer de tabac pendant une journée entière – en plus de sensibiliser la population aux dangers présentés par la cigarette et d'inciter de nombreux fumeurs à perdre leur mauvaise habitude. De la même manière, le fait de proclamer la veille de l'Action de grâce « Journée sans plaintes » aidera les citoyens à prendre conscience du nombre de fois qu'ils se plaignent, et c'est là la première étape à franchir pour cesser définitivement de se plaindre.

Prenez l'initiative de faire désigner « Journée sans plaintes » la veille de l'Action de grâce dans votre ville. C'est une démarche vraiment simple. Un grand nombre d'hommes et de femmes l'ont déjà entreprise dans leur collectivité pour sensibiliser leurs concitoyens à l'omniprésence des plaintes et à leurs effets néfastes.

ÉTAPE 1 Contactez le bureau de votre maire ou votre conseil municipal. Expliquez que vous êtes un citoyen de la ville et que vous faites partie d'Un Monde sans plaintes, un mouvement planétaire auquel ont souscrit plus de 10 millions d'êtres humains dans une centaine de pays. Ajoutez qu'on a parlé du mouvement aux émissions de télévision *Oprah* et *Today*, ainsi que dans les médias du monde entier. Demandez que votre ville proclame «Journée sans plaintes» la veille de l'Action de grâce.

ÉTAPE 2 Proposez d'envoyer au bureau du maire ou au conseil municipal le modèle de proclamation de l'Annexe B du présent ouvrage. Demandez à votre interlocuteur à quel moment vous pourrez le contacter de nouveau pour vous assurer de la bonne réception du texte. Enfin, demandez quand la proclamation sera soumise au vote du conseil et précisez que vous serez présent à la séance et que vous inviterez les médias à couvrir l'événement. Les séances du conseil sont généralement publiques.

ÉTAPE 3 Envoyez aux médias écrits et électroniques le communiqué de presse se trouvant aussi à l'Annexe B. Il vous suffit de leur téléphoner et de leur demander à quelle adresse électronique vous pouvez leur envoyer un communiqué. Transmettez aux médias le communiqué par courriel et téléphonez-leur pour en confirmer la réception. Un peu avant la séance du conseil, téléphonez aux médias ou envoyez-leur un courriel pour la leur rappeler.

Avant d'essayer cette stratégie pour la première fois, j'étais un peu appréhensif, jusqu'à ce que je découvre que les conseils municipaux et les bureaux des maires font très souvent de telles proclamations. En règle générale, ils sont disposés à aider leurs concitoyens; souvent, cette idée en particulier les intéresse fortement, parce qu'ils sont constamment eux-mêmes exposés à toutes sortes de plaintes!

Si je peux vous être utile, envoyez-moi un courriel à Will@ AComplaintFreeWorld.org. Je serai ravi de donner une entrevue ou de vous appuyer autrement.

Je vous remercie de contribuer à propager notre message et à nous conduire vers Un Monde sans plaintes.

Modèles de proclamation et de communiqué de presse

Modèle de proclamation

. . . .

RÉSOLUTION CONCOMITANTE

À l'appui des objectifs et idéaux d'une Journée sans plaintes.

ATTENDU QUE l'être humain se plaint en moyenne de 15 à 30 fois par jour, ce qui représente environ 4,5 milliards de plaintes émises chaque jour aux États-Unis ;

ATTENDU QUE les plaintes gardent l'esprit concentré sur les difficultés du moment, et qu'elles neutralisent la capacité naturelle de l'être humain à chercher et à créer des solutions positives et harmonieuses ;

ATTENDU QUE les plaintes seraient, selon les psychologues chercheurs, préjudiciables à la santé physique et affective de l'être humain, à ses relations, et à sa carrière ;

ATTENDU QU'Un Monde sans plaintes est une organisation à but non lucratif qui incite les gens à cesser de se plaindre et à réorienter leur esprit afin de mener une vie plus positive et plus gratifiante ;

ATTENDU QU'Un Monde sans plaintes a envoyé plus de 10 millions de ses bracelets pourpres à ses participants dans 106 pays, bracelets que ces participants utilisent pour contrôler leur réussite lorsqu'ils relèvent le défi des 21 jours consécutifs sans plaintes, et qu'ils finissent par transformer leurs attitudes négatives en attitudes positives ;

ATTENDU QUE l'objectif d'Un Monde sans plaintes est de transformer l'attitude négative de la population planétaire en une attitude positive, en inspirant pas moins de 1 % de cette population, c'est-à-dire 60 millions d'êtres humains, à s'affranchir des plaintes ;

ATTENDU QUE des milliers d'écoles aux États-Unis ont adopté le programme d'Un Monde sans plaintes et que des dizaines de milliers d'étudiants de tous âges obtiennent des résultats étonnants en se créant des attitudes positives ;

IL EST RÉSOLU, EN CONSÉQUENCE, que le maire et le conseil municipal proclament *JOURNÉE SANS PLAINTES* la veille de l'Action de grâce cette année, et les années suivantes, ce qui donnera à chaque citoyen de [nom de votre ville] une journée exempte de plaintes pour se préparer à notre fête nationale de gratitude.

· ·

Pour publication immédiate

Contact : [votre nom]
Téléphone : [votre numéro]
Courriel : [votre adresse électronique]
Web : www.AComplaintFreeWorld.org
[Nom de votre ville] proclamera « Journée sans plaintes » la veille de l'Action de grâce

Le maire [nom du maire] et le conseil municipal de [nom de votre ville] se joignent aux nombreuses autres villes qui ont désigné comme Journée sans plaintes la veille de l'Action de grâce.

À l'opposé de la plainte se trouve la gratitude. La gratitude, c'est la reconnaissance de ce que l'on a, tandis que la plainte, c'est le mécontentement pour ce que l'on n'a pas.

Avant de véritablement faire l'expérience de la gratitude, nous devons cesser de nous plaindre. C'est ce qui explique que ce soit la veille de notre journée nationale de gratitude qui soit proclamée « Journée sans plaintes ».

Les plaintes gardent l'esprit concentré sur les problèmes du moment plutôt que sur la recherche de leurs solutions.

Les grandes campagnes antitabac ont réussi à convaincre les fumeurs de se passer de tabac pendant une journée entière – en plus de sensibiliser la population aux dangers présentés par la cigarette et d'inciter de nombreux fumeurs à perdre leur mauvaise habitude. De la même manière, le fait de proclamer la veille de l'Action de grâce « Journée sans plaintes » aidera les citoyens à prendre conscience du nombre de fois qu'ils se plaignent, et c'est là la première étape à franchir pour cesser définitivement de se plaindre.

Quels progrès supplémentaires notre ville pourrait-elle réaliser si, au lieu de concentrer notre attention sur nos problèmes, nous leur cherchions ensemble des solutions ? C'est là l'idée qui sous-tend Un Monde sans plaintes, ce phénomène international dont il a été question dans de nombreuses émissions de télévision – *Oprah, Today, The ABC Evening News* et Fox News – ainsi que dans des magazines, des journaux et des livres, comme *Newsweek, Wall Street Journal* ou *Bouillon de poulet pour l'âme*.

Pour obtenir un complément d'information sur cette proclamation, téléphonez à [votre nom] au [votre numéro de téléphone].

Pour obtenir un complément d'information sur Un Monde sans plaintes, visitez le site Web www.AComplaintFreeWorld. org, téléphonez à Will Bowen au (816) 258-1288 ou envoyez-lui un courriel à cette adresse : Will@AComplaintFreeWorld.org.

Remerciements

D'abord et avant tout, merci à Tom Alyea, qui depuis cinq ans travaille avec acharnement, mais sans rémunération, à propager l'idée d'Un Monde sans plaintes. Merci à Maya Angelou, pour son inspiration et sa sagesse. Merci à John Gladman, qui nous offre gracieusement son temps et nous fait profiter de ses extraordinaires talents en design et en photographie. Merci à Anita Wixon, une amie authentique qui ne se lasse jamais de faire la promotion d'Un Monde sans plaintes. Merci à Sharon Winningham, ainsi qu'à Greg et Donna Baer pour leur amour et leur soutien. Merci à Robin Kowalski, dont les recherches ont contribué à mettre en contexte la vie sans plaintes. Merci à Steve Hanselman de Level 5 Media, mon agent littéraire et mon ami. Merci à Marti Lee d'avoir illustré les principes enseignés ici. Merci aux innombrables bénévoles qui ont emballé et expédié des millions et des millions de bracelets. Merci à tous ceux dont les dons, petits et grands, financent notre œuvre.

Enfin, merci à vous, cher lecteur, de vous ouvrir à un nouveau paradigme pour votre vie et d'ainsi contribuer à l'éveil de notre monde.

Restez en contact avec nous !

 AComplaintFreeWorld.org
facebook.com/AComplaintFreeWorld
@ACFW60Million

Visitez notre site Web et obtenez dès aujourd'hui
votre propre bracelet d'Un Monde sans plaintes !

Table des matières

Achevé d'imprimer au Canada
sur papier Enviro 100 % recyclé